12130
H

HISTOIRE
NATURELLE ET CIVILE
DE LA
CALIFORNIE,
TOME SECOND.

HISTOIRE
NATURELLE ET CIVILE
DE LA
CALIFORNIE,
CONTENANT

Une description exacte de ce Pays, de son Sol, de ses Montagnes, Lacs, Rivières & Mers, de ses Animaux, Végétaux, Minéraux, & de sa fameuse Pêcherie des Perles; les Mœurs de ses Habitans, leur Religion, leur Gouvernement, & leur façon de vivre avant leur conversion au Christianisme; un détail des différens Voyages, & Tentatives qu'on a faites pour s'y établir, & reconnoître son Golfe & la Côte de la Mer du Sud.

Enrichie de la Carte du Pays & des Mers adjacentes.

Traduite de l'Anglois, par M. E.**.

TOME SECOND.

A PARIS.

Chez DURAND, Libraire, rue Saint-Jacques, à la Sagesse.

───────────────────────────────

M. DCC. LXVII.
Avec Approbation & Privilége du Roi.

TABLE
DES MATIERES
Contenues dans le second Volume.

PARTIE III.
SECTION V.
Tentatives & voyages pour découvrir la jonction de la Californie avec la Nouvelle-Espagne : courte narration des desseins & des travaux héroïques du père François Kino, dans les missions de Sonora & de Pimeria, & histoire de ces missions.   page 1.

SECTION VI.
Nouvelles révolutions dans la Californie, & progrès des missions jusqu'à la fin de l'année 1703.   40.

SECTION VII.
Ordres de Sa Majesté en faveur des Missions. Difficultés & traverses qu'el-

les ont à essuyer en 1704, tant dans la Californie que dans le Mexique. Le père Salva Tierra est nommé Provincial de la Nouvelle-Espagne. 73.

SECTION. VIII.

Le père Salva-Tierra continue de rendre plusieurs services aux missions de la Californie : grâces que Sa Majesté lui accorde : obstacles qu'il rencontre à Mexico : ses visites en qualité de Provincial. 93.

SECTION IX.

Fondation des deux Missions de Saint-Jean-Baptiste Ligui, & de Sainte-Rosalie Mulége ; progrès des autres, & voyages entrepris pour reconnoître la côte de la mer du Sud. 130.

SECTION X.

Le père Salva-Tierra retourne dans la Californie & y continue ses travaux. Fondation de la Mission de Saint-Joseph de Comonda, par le père Mayorga. La Mission se trouve dans la dernière extrémité par la perte de ses barques, & le naufrage des pères

Guillen & Guisci, dont le second se noye. 154.

SECTION XI.

Le père Salva-Tierra établit un Gouvernement spirituel & civil pour les Missionnaires de la Californie & les Indiens. 190.

SECTION XII.

Détail du Gouvernement établi par le père Salva-Tierra dans la garnison royale, & parmi les soldats & les gens de mer, de même que pour la pêche des perles. 207.

SECTION XIII.

Sa Majesté envoie de nouvelles troupes dans la Californie. Le père Salva-Tierra meurt sur la route de Mexico. Etat des affaires dans cette contrée. 230.

SECTION XIV.

Progrès des missions sous les pères Sistiaga & Tamarral. Fondation de la mission La Purissima. Le père Ugarte fait construire un vaisseau dans la Ca-

lifornie. Le frère Bravo en obtient un autre au Mexique, & fonde la mission de la Paz, en même tems que le père Helen fonde celle de Guadeloupe. 256.

SECTION XV.

Le père Guillen va reconnoître la côte occidentale, & le père Ugarte celle du golfe de Californie jusqu'au Rio-Colorado. On découvre trois ports sur celle de la mer du sud. 285.

SECTION XVI.

Lt père Guillen fonde la mission de Notre-Dame des Douleurs du sud, & le père Napoli celle de San-Jago de Los-Coras. 327.

SECTION. XVII.

Fondation de la mission Septentrionale de Saint-Ignace par le père Luyando, & ses progrès. Mort des pères Piccolo & Ugarte. Révolte des Péricues, & fondation de la mission de Saint-Joseph au cap de Saint-Lucas, par le père Tamarral. 348.

HISTOIRE

HISTOIRE
NATURELLE ET CIVILE
DE LA
CALIFORNIE.
TROISIEME PARTIE.

SECTION V.

Tentatives & voyages pour découvrir la jonction de la Californie avec la Nouvelle Espagne ; courte narration des desseins & des travaux héroïques du père François Kino, dans les missions de Sonora & de Pimeria, & histoire de ces missions.

LE père Salva-Tierra se vit avec beaucoup de chagrin, sur le point d'abandonner pour toujours, après tant de dépenses qu'il avoit causées aux personnes qui le protegeoient, la conversion des Californiens, par l'impossibilité où il étoit de recevoir du secours des Missionnaires & des autres personnes qui étoient dans le pays, aussibien que par les délais & l'incertitude de ceux qu'on lui avoit promis de la Nouvelle-Espagne. Il voyoit que, faute de ce secours, toutes les mesures qu'il avoit prises pour convertir les Indiens, devenoient inutiles. Il voyoit enfin la difficulté qu'on faisoit tous les jours à Mexico, de le lui envoyer. Le besoin pressant dans lequel il se trouvoit, le fit enfin résoudre à traverser le golfe pour en aller chercher lui-même, & pour s'en procurer avec moins d'incertitude & de danger. Il fondoit son espoir sur les missions des Jésuites, établies dans la province de Sonora, qu'il se flattoit de pouvoir réunir avec le tems, avec celles de la Californie, par un échange mutuel de secours & de bons offices. Pour cet effet, il partit de Lorette à la fin d'Octobre 1700, & se rendit à Cinaloa, où après avoir ramassé quelques contributions & quelques secours pour sa mission, il vint à

Sonora, pour voir son ancien ami le père Kino. Cet homme apostolique, qui, comme on l'a dit ci-dessus, avoit inspiré au père Salva-Tierra le dessein de convertir la Californie, quoique détenu comme prisonier à Sonora, à cause du besoin qu'on avoit de sa présence, s'étoit efforcé de le secourir, au moyen des aumônes qu'il avoit amassées, & des meubles, des bestiaux & des provisions qu'il lui avoit envoyées de Guayama & d'Hiaqui. Mais comme ces deux Religieux ne se bornoient point simplement au présent, & formoient sans cesse des projets dignes de l'elévation de leurs sentimens, ils conçurent celui de soumettre les vastes contrées de l'Amérique contiguës à la mer du sud à Sa Majesté Catholique, l'un en portant ses conquêtes spirituelles au nord de la Californie, & l'autre dans le continent de l'Amérique, jusqu'aux contrées opposées au Port de Monte-Rey & au cap Mendozino, au cas que la Californie ne fût point une île, & de convertir en même tems tout le pays qui est entre-deux au Christianisme.

HISTOIRE

Ces deux grands hommes ne purent exécuter ce vaste projet, & la même chose est arrivée aux Jésuites qui leur ont succédé, malgré les peines & les soins qu'ils se sont donnés. Je vais cependant rapporter ici ce que chacun fit de son côté pour y réussir, & exposer au jour les nobles motifs qui les animoient ; car les raisons qu'ils eurent de l'entreprendre, subsistant encore aujourd'hui, il convient d'entrer dans un détail du plan qu'il conviendroit de suivre, s'il arrivoit un jour que l'on tentât la même entreprise ; on verra encore par-là les liaisons que les différentes missions ont entre elles, & ce qu'on doit en attendre, s'il plaît jamais à Dieu de les faire prospérer, & d'en augmenter le nombre. Je sens que l'histoire particulière de chacune de ces missions, flateroit davantage la curiosité du lecteur, par la variété des évènemens ; mais j'ose l'assurer que les faits que je vais rapporter sont des plus authentiques, ayant pris soin de les copier d'après les journaux mêmes du Père Kino, & du Père Jean-Antoine Balthafar, ci-devant Viſiteur deſdites miſſions, & Préſident actuel de la province du Mexique, homme, que ſon zèle, ſes travaux, ſes vertus & ſes talens rendront l'admiration de la poſtérité.

La province de Sonora eſt ſituée à l'Eſt de la Californie, dont elle eſt ſéparée par le golfe du même nom, lequel baigne l'une & l'autre côte. Elle eſt la dernière province des domaines que l'Eſpagne poſſède dans l'Amérique, ſur la côte de la mer du ſud : car quoique celle du Nouveau-Mexique, qui eſt au nord-eſt de Sonora, ſoit ſituée par une plus haute latitude que celle-ci, elle eſt dans le milieu des terres, & l'on ne ſçauroit y aborder par mer. Le gouvernement de Sonora s'étend du côté du nord depuis l'embouchure de la rivière d'Hiaqui, juſqu'aux Apaches, qui ont été juſqu'ici le fléau & la terreur de tout le pays. La dernière miſſion que l'on a fondée ſur la côte, eſt celle de la Conception de Caborca, vers le 31ᵉ degré, & à cent lieues de la rivière d'Hiaqui. Elle fut entièrement détruite en 1751 par les Sauvages, & les deux Religieux qui y étoient, savoir, le père Thomas Tello, natif d'Almagro, & fils d'Alphonse Tello & d'Isabelle Buytron, & le père Henri Rohen, eurent le bonheur de sceller leur foi par le martyre, ce qui porta un coup mortel à la Religion dans ces cantons. Elle est bornée à l'Occident par le golfe de Californie, au midi, par les provinces de Rio-Mayo, de Cinaloa & d'Osti-Muri, & à l'Orient, par les hautes montagnes de Tarrahumara. Elle a environ 350 lieues de circuit ; elle est habitée par différentes nations d'Indiens, tels que les Opatas, les Topas, les Teguaiamas, les Heguis, les Paymas supérieurs & les Paymas inférieurs, les Seris, les Tepocas, & les Guayamas, parmi lesquelles il y a vingt-quatre missions des Jésuites.

L'air y est sain & tempéré, le pays montagneux & entrecoupé de vallées & de plaines fertiles, formées par les diverses branches de la grande montagne. On y trouve d'excellens pâturages, & quantité de fruits & de légumes de l'Europe & de l'Amérique. Le plus grand inconvénient qu'on y trouve, est que le long du golfe de Californie, la côte ne forme qu'une chaîne de montagnes inaccessibles & de sables arides, ce qui fait que depuis Hiaqui jusqu'à Caborca, elle n'est habitée que par les Guayamas, les Tepocas & les Seris, qui ne vivent que de la pêche. Cette disposition de terrein, jointe à d'autres obstacles, est cause que les Espagnols n'ont pu s'établir sur la côte, & qu'on a eu toutes les peines du monde à y fonder des missions. Quoiqu'on y soit entré plusieurs fois, & que depuis quelques années les Indiens qui habitent la côte ayent reçu le Christianisme, il s'en faut beaucoup qu'il y soit bien établi, comme cela n'a que trop paru par la révolte qui arriva en 1751, & qui selon toute apparence apportera beaucoup d'obstacles à sa réduction. De-là vient qu'encore que la province ait une côte extrêmement étendue, on ne peut la regarder que comme une contrée méditerranée, qui ne fournit aucun commerce maritime avec les autres provinces ; & c'est ce qui fait encore que les frontières de la Californie ne peuvent tirer de Sonora les secours qu'elles pourroient s'en promettre, si la côte étoit autrement disposée.

On peut dire cependant que Sonora est la province la plus pauvre & la plus riche de l'Amérique & du monde entier. Indépendamment des végétaux qu'elle produit, on y trouve quantité de veines & de mines d'argent, dont la richesse passe toute croyance. A en croire même les rapports qui en ont été faits au Conseil des Indes, celles du Potosi, toutes riches qu'elles sont, ne méritent pas qu'on en parle, y ayant, à ce qu'on dit, des montagnes presque toutes composées d'argent massif. Plusieurs familles Espagnols ont tiré dans différens tems des avantages considérables de ces mines: cependant cette province est extrêmement pauvre, & il n'y a pas dans le monde une preuve plus manifeste de cette vérité, quoiqu'on y fasse peu d'attention, que la richesse & la puissance d'un Etat ne consistent ni dans l'or, ni dans l'argent, ni dans les pierreries, mais dans le nombre & l'induſtrie de ſes habitans, dans l'agriculture, l'engrais des beſtiaux, la conſommation & l'exportation des marchandiſes, & l'exacte adminiſtration de la juſtice. Je le répète, Sonora eſt une province extrêmement pauvre, & la preuve en eſt, qu'elle ſe dépeuple journellement. Les cauſes de cette dépopulation ſont communes à toute l'Amérique Eſpagnole, ſans en excepter la Nouvelle-Eſpagne. Elles ſont beaucoup plus fortes à Sonora, parce qu'elle a moins de commerce avec l'Europe. Les bornes que je me ſuis preſcrites dans cet ouvrage, ne me permettent point d'entrer dans le détail de cette matière; mais comme cet article eſt extrêmement eſſentiel pour la connoiſſance de la conſtitution de cette province, & que le ſuccès des miſſions & des conquêtes, tant de Sonora, que de la Californie, en dépendent; il eſt à propos de faire connoître au lecteur les deux principales ſources de cette pauvreté. La première, eſt que l'argent étant la principale, ou même la ſeule marchandiſe qu'on puisse exporter, le profit qu'on en tire ne répond point aux dépenses qu'on est obligé de faire pour le travailler. Le départ de l'argent par le moyen du feu est si dispendieux, que quelque quantité qu'on en tire, le profit se réduit à rien. Celui dans lequel on employe le mercure, coûte encore davantage, à cause du prix excessif de ce minéral, & de ce qu'il en coûte pour le transporter l'espace de 600 lieues, depuis Sonora à la Vera-Cruz. C'est-là ce qui fait qu'on n'exploite plus les mines, le départ de l'argent par le moyen du mercure ne produisant aucun avantage, comme un habile Mexicain & une autre personne très capable d'en juger l'ont très bien démontré. Il arrive de-là que la province ne peut tirer de l'étranger les choses dont elle a besoin, ou que pour les avoir, elle est obligée de se dépouiller des fonds mêmes qui lui sont nécessaires, & de manœuvrer sa marchandise d'étape, & ne le faisant point, tout tombe dans une décadence totale. La seconde cause de cette pauvreté, est que dans l'Amérique, & surtout à Sonora, il n'y a ni manufactures, ni commerce, ni métiers. Quoique les autres nations en ayent quantité, & qu'elles tranfportent une infinité de marchandifes de leur crû chez l'étranger, elles ne laiffent pas d'encourager les différentes branches du commerce, les manufactures, les arts & les métiers, dans les différentes colonies qu'elles ont dans l'Amérique, fachant parfaitement que fi elles ne le faifoient point, elles feroient bientôt défertes. Les fuites de ces établiffemens, font la culture des terres, & l'engrais des beftiaux, qui fourniffent aux artifans leur fubfiftance, de même que les matières dont ils ont befoin pour leur travail. Ce font-là les fources des véritables richeffes d'un pays, lefquelles confiftent dans l'abondance des denrées, la multitude des habitans, & dans le commerce réciproque qu'ils ont entr'eux. Ferdinand Cortez mit tout en ufage pour introduire au Mexique les arts & le commerce auxquels l'Efpagne eft redevable de fa population, de fon opulence, de fon bonheur & de fa puissance, & sur tout les préceptes qui servent à entretenir ce mouvement régulier & salutaire, qu'il reçoit de leurs Majestés Catholiques. Ces maximes de Cortez furent suivies par quelques Vicerois, entr'autres par l'Archevêque de Quiroga, cousin du Cardinal Archevêque de Tolède de ce nom, lequel, au moyen de ces sages mesures, procura à la province de Mechoacan ce bonheur spirituel & temporel qui rendront sa mémoire chère à cette contrée. Depuis lors, les choses ont entièrement changé de face. Quoique l'Espagne n'ait ni assez de manufactures ni assez de commerce pour lui fournir les choses dont elle a besoin, elle en reçoit assez de l'étranger pour envoyer dans l'Amérique celles dont elle ne peut absolument se passer. La province de Sonora dont je parle, est obligée de tout tirer de l'étranger, à l'exception d'un petit nombre de provisions, non point directement de l'Europe, mais du Mexique, dont elle est éloignée de 600 lieues, ce qui l'engage à des frais & des risques immenses. Que l'on s'imagine donc ce que doit coûter une aulne de drap qu'on apporte d'Hollande à Cadiz, de-là à la Vera Cruz, & de-là au Mexique. Elle doit coûter douze ou vingt fois plus à Sonora, surtout si l'on en a besoin, & qu'on ait affaire à un marchand peu consciencieux. Comme donc l'Amérique est dénuée de ce qui fait le principal soutien des Etats, je veux dire, de manufacturiers & d'artisans, qu'il n'y a ni agriculture ni engrais de bétail, il s'ensuit que quantité de gens qui n'ont point de terres, ou qui n'ont ni les moyens ni la volonté de les faire valoir, n'y trouvent point les richesses dont l'appât leur a fait abandonner l'Europe, & manquent même du nécessaire honnête. On s'imagine communément qu'il suffit d'avoir des mines pour s'enrichir; la plûpart même s'aveuglent si fort sur leur produit, qu'ils ne mettent point en ligne de compte ce qu'il en coûte pour les exploiter, & que sans égard ni pour le bien de leur pays, ni de leur postérité, ils ne s'occupent que du soin de s'enrichir promptement, pour pouvoir s'en retourner en Europe. Mais comme c'est des mines mêmes qu'on est obligé de tirer les fonds néceffaires pour les faire exploiter, & pour fe procurer de chez l'étranger les chofes dont on ne peut fe paffer, & qu'indépendamment de ces dépenfes, il faut encore avoir du bénéfice ; on eft obligé de réduire le plus bas que l'on peut le falaire des ouvriers, d'en faire venir d'ailleurs, de les vexer, de les renvoyer, de les payer en argent de mauvais aloi, ou même de ne les point payer du tout, de leur refufer leur fubfiftance, de leur imputer des crimes qu'ils n'ont jamais commis, pour les fruftrer de ce qu'ils ont légitimement acquis, & d'opprimer ces pauvres gens de mille manières toutes plus odieufes les unes que les autres. Dans les provinces éloignées de Sonora, les dépenfes montent à plus du double, les difficultés y font plus grandes, les chofes néceffaires plus rares, outre que l'éloignement où l'on eft des Tribunaux, donne aux perfonnes mal intentionnées la liberté de commettre impunément toutes les extorsions qu'il leur plaît. Ajoutez à cela qu'on n'y envoie point des Negres mais seulement quelques Indiens foibles & énervés, qu'on employe aux travaux des mines, qui est très-fatiguant par lui-même. Quoiqu'on ne les oblige point à travailler comme des journaliers, on les tire avec violence de leurs missions, & on les fait travailler en tout tems, sans aucun égard pour les loix, qui ordonnent qu'on échange alternativement le travail des mines & celui des terres, de manière que la plûpart de ceux qui y vont, ne retournent jamais plus dans leur pays natal. Les Missionnaires ont beau les reclamer, on ne les écoute point, trop heureux encore si l'on ne répand point des calomnies infâmes sur leur compte, & s'ils ne souffrent point quelque violence de la part de ceux qui sont préposés pour les empêcher, sans qu'ils sachent à qui recourir pour se faire rendre justice. S'ils s'en plaignent, ils se brouillent avec ceux dont ils ont besoin pour vaquer à la conversion des Indiens ; & à leurs mémoires, on en oppose d'autres qui leur font perdre leur cause toute juste qu'elle est, ou du moins qui en retardent le jugement, si tant est qu'on ne la mette point au néant, sans attendre la décision du gouvernement. Cependant les Gentils, qui sont encore libres, refusent hautement de se soumettre au joug de l'Evangile, dans la crainte de subir le même esclavage que ceux de leurs compatriotes qui ont embrassé le Christianisme.

Souvent on traite si mal ceux qui se sont soumis, qu'on les oblige à se révolter. Lors même qu'ils sont les plus tranquilles, on les accuse d'avoir voulu se mutiner, pour avoir occasion d'envoyer contre eux des troupes qui les y obligent par les mauvais traitemens qu'elles exercent envers eux; on les fait prisonniers, & on les condamne pour toute leur vie à travailler aux mines ou au champs. De pareils procédés diminuent le nombre des Indiens, dont plusieurs, pour sortir de cet esclavage, se tuent de leurs propres mains. Le pays, ainsi privé de son plus grand avantage, gémit

sous

sous la plus affreuse pauvreté, malgré sa fertilité & les ressources inépuisables de ses mines d'argent.

Le père Eusebe François Kino, entra dans la province de Sonora l'an 1687, pour diriger la seule mission qui y restoit. Elle confinoit avec les Indiens de Pimeria Alta, province qui s'étend 100 lieues au nord de Sonora, & du côté de l'Occident jusqu'au golfe de Californie. Il travailla dans cette mission, de même qu'à la réduction des Indiens, avec un zèle admirable ; il entra hardiment chez eux, en forma plusieurs villages, & les engagea à cultiver leurs terres, & à prendre soin de leurs troupeaux, comme l'unique moyen de les réunir ensemble, préposant quelques personnes pour administrer la justice. Il eut la patience d'apprendre les différentes langues qui ont cours parmi eux, traduisit le catéchisme & les prières, & vint à bout de les leur faire réciter, sans se rebuter de leur indocilité ni de leur stupidité. Il composa aussi un Vocabulaire accompagné de quelques observations, pour l'usage de ceux qui lui succéderoient, & se fit si fort aimer des Indiens, qu'ils le regardoient comme leur père. Il bâtit des maisons & des chapelles, forma des villages & des villes, reconcilia les nations qui étoient brouillées ; & si les autres Missionnaires eussent voulu le seconder, ainsi qu'il les en pria plusieurs fois, il eût aisément converti toutes les nations comprises entre Sonora & les rivières Gila & Colorado, & établi une correspondance par terre entre les missions de la Nouvelle-Espagne, & celles de la Californie, ce qui a toujours paru extrêmement difficile. Les travaux qu'il eut à souffrir de la part des Indiens, ne furent rien au prix de ce qu'il eut à essuyer de la part des Espagnols, aux violences desquels il s'opposa comme l'auroit pu faire un mur d'airain, pour protéger ses prosélytes. Ils s'opposèrent à ses entreprises, & empêchèrent les secours qu'on vouloit lui procurer, leur intérêt étant que l'on regardât les pauvres Pimas comme des rebelles & des ennemis, pour pouvoir exercer toutes sortes de déprédations chez eux, & forcer les Indiens à les servir en qualité d'esclaves. Les fermes qu'il avoit établies, pour subvenir à la subsistance des Indiens & de leurs ministres, tombèrent aussitôt en ruine : car c'étoit le Père Kino seul qui avoit obtenu de l'Audience de Guadalaxara, que les nouveaux convertis parmi les Indiens seroient exempts pendant les cinq premières années de leur conversion, des travaux des terres & des mines. Charles II, par égard pour la Religion, par un ordre daté du 14 de Mai 1685, prolongea ces cinq ans jusqu'à vingt ; mais cet ordre ne fut jamais observé, & le Père eut la mortification de se voir enlever ceux qu'il avoit batisés, tirés des montagnes & des déserts, & instruits avec des peines infinies, pour les ensevelir dans le fond d'une mine, sans espoir d'en sortir jamais. Indépendamment de ces violences qu'on employoit pour les arracher des missions, on toléroit parmi eux quantité d'excès abominables, que les Pères avoient eu soin de réprimer. Cependant, malgré tous ces obstacles, le père Salva-

B ij,

Tierra, Visiteur des missions, étant venu à Pimeria l'année 1690, le père Kino lui montra plusieurs villages qu'il avoit fondés, & l'instruisit des dispositions qu'il avoit faites, pour batiser les Pimas & d'autres nations plus éloignées.

Comme ces deux Missionnaires déliberoient, s'il étoit possible, de passer dans la Californie, ils convinrent que le père Kino chercheroit quelques personnes sur la côte de Pimeria & de Sonora, qui voulussent pénétrer dans ces provinces, & leur envoyer dans la Californie les vivres dont ils auroient besoin, ne doutant point que les Indiens ne les reçussent avec amitié. En conséquence, le père Kino se rendit l'année suivante sur la côte, & dans ce canton du pays de Pimas, appellé Soba, & y fit construire l'an 1694 un petit vaisseau, avec lequel il se rendit dans la baie de Sainte-Sabine. Il fonda aussi, vingt lieues avant dans le pays, & dans une situation convenable, la mission de la Conception de Caborca. L'an 1698, le père Salva-Tierra étant arrivé dans la Californie, le père Kino partit au mois de Septembre de la miſſion de Los-Dolores, pénétra juſqu'à la rivière Gila, qui eſt au nord, viſitant chemin faiſant les Communautés de Catéchumènes qu'il avoit parmi les Pimas & les Opas, juſqu'à l'Incarnation & à Saint-André, d'où continuant ſa route, pendant l'eſpace de 80 lieues, il arriva au golfe de Californie, ou, au 32ᵉ degré de latitude ſeptentrionale, il trouva une crique abondante en bois & en eau douce, qu'on appelloit autrefois la baie de Sainte-Claire, & qui eſt ſituée près de la chaîne de montagnes de ce nom. Après avoir reconnu la côte qui eſt au midi de la baie de Sainte-Sabine, il vint à Caborca, d'où il retourna à ſa miſſion de Los-Dolores, après avoir fait 300 lieues dans un pays montagneux, inculte & habité par des peuples ſans religion. Le père Kino envoya une relation de ſon voyage à ſes Supérieurs, de même qu'aux pères Salva Tierra & Piccolo, leſquels le remercièrent de ſon courage & des peines qu'il s'étoit données pour le bien commun de ces conquêtes. L'année suivante, le père Kino fit plusieurs autres voyages également longs, difficiles & dangereux; tantôt pour visiter ses catéchumènes, les confirmer dans la foi, & les instruire de ce qu'ils devoient faire pour pourvoir à leur subsistance & leurs besoins; tantôt accompagné du capitaine Mathieu Mange, pour refuter les calomnies & les faux rapports, & appaiser les révoltes. Il fit un autre voyage avec les pères Antoine Leal, & François Gonzalvo, dans le dessein de se rendre chez les Apaches, qui, quoique extrêmement féroces, ayant ouï parler du père Kino, avoient prié qu'on leur envoyât quelques pères pour les instruire. Ce voyage n'aboutit cependant à rien, si bien que l'on perdit l'occasion de civiliser ces Sauvages. Tout occupé qu'il étoit de ces soins importans, il fit en sorte, au moyen des vivres qu'il tira de ses villages & des autres missions de la province, d'en envoyer dans la Californie des ports de Saint-Joseph de Guayamas & d'Hiaqui, se montrant dans toutes les occasions aussi prudent que zélé pour tout ce qui concernoit le service de ces missions.

Quelque surprenant que cela paroisse, le père Kino étoit trop intrépide pour en rester là. Dans les voyages dont je viens de parler, de même que dans quantité d'autres qu'il fit dans divers pays inconnus, où son zèle l'avoit conduit, il avoit toujours desiré de savoir si la Californie étoit contiguë au continent de la Nouvelle-Espagne, ou si le golfe continuant sa direction vers le nord, se jettoit dans la mer du sud au-dessus du cap Mendozino, & formoit une des plus grandes îles du monde. Versé comme il l'étoit dans la Géographie, il n'ignoroit pas qu'on avoit autrefois considéré la Californie, comme faisant partie du continent. Mais il savoit aussi que du tems même de Drake, fameux Navigateur Anglois, l'opinion contraire avoit prévalu, & que tous les modernes la représentoient comme une île, quelques marins ayant avancé dans leurs journaux, qu'ils avoient tourné la Californie & traversé un détroit, désignant par leurs noms les lieux par lesquels ils avoient passé. Il n'ignoroit point non plus de quelle importance il étoit de résoudre ce problême géographique, ni les avantages qui en résulteroient pour la conquête, si on pouvoit étendre les missions de Sonora & de la Californie vers le nord, jusqu'à ce qu'elles se joignissent, & qu'elles pussent se secourir réciproquement par terre. En conséquence, il résolut l'an 1700 d'aller visiter ses Néophites, & de pénétrer aussi avant qu'il pourroit, pour s'assurer de cette jonction, dont il ne doutoit presque plus, après ce que les Indiens lui en avoient dit.

Il partit le 24 de Septembre 1700, de sa mission de Los-Dolores; & après avoir visité les villages de Los-Remedios, & de Saint-Simon & Saint-Jude, il se rendit à Saint-Ambroise del Busanio, Tucubabia & Sainte-Eulalie, où il s'arrêta quelque tems avec 300 Indiens, qui avoient offert à un Missionnaire qu'on leur avoit envoyé, de s'incorporer avec ceux de Busanio. Six lieues plus loin, il rencontra 40 Indiens, & six autres au-delà, le village

lage de la Merced. Ayant fait encore 20 lieues, il trouva le village de Saint-Jérôme & quatre communautés, à cinq lieues desquelles étoit une pièce d'eau, & 12 lieues plus loin, une seconde. Il fit encore 10 lieues, & se trouva sur la rivière Gila. Elle a sa source dans le pays des Apaches, d'où elle prend son cours vers l'est & l'ouest, à un peu plus de 44 degrés de latitude, & après avoir reçu les eaux de la rivière Azul, elle va se jetter dans le fameux Rio-Colorado. Le Père suivit le cours de la rivière l'espace de 50 lieues, ayant à sa suite un mélange de Pimas, d'Opas & de Cocomaricopas. Il traversa plusieurs de leurs communautés, & arriva chez les Yumas, qui habitent à l'extrêmité de la rivière Gila, un peu en-deça de l'endroit où elle se jette dans le Colorado, de même que sur la rive Orientale de ce fleuve. Il se rendit sur le sommet d'une montagne fort haute, d'où il ne put découvrir la mer, quoiqu'il eût un excellent télescope. Poussant son chemin plus loin, il arriva dans cette partie du pays, où la rivière Gila se

Tome II. C

jette dans le Colorado, où on lui dit que les quatre nations appellées les Quiquimas, les Bagiopas, les Hobonomas & les Cufguanes, faifoient leur réfidence dans les environs. A la follicitation des Yumas, il pouffa jufqu'au confluent de ces deux rivières ; traverfa la Gila, qui eft fort large dans cet endroit, & fe partage en trois bras, & après avoir fait dix à douze lieues de plus, il arriva dans un endroit fertile, fitué par le 35e degré, & formé par le confluent des deux rivières, auquel il donna le nom de Saint-Denys. Plus de 1500 Indiens s'y rendirent en corps pour le voir, lefquels lui dirent qu'il n'y avoit aucune mer dans ce canton, & que plufieurs d'entr'eux qui habitoient fur la rive occidentale du Colorado, l'avoient fouvent traverfé. Ils le prièrent de vouloir vifiter leur pays, ce qu'il ne jugea pas à propos de faire, tant à caufe de la difette des provifions, que du mécontentement des Pimas, dont la plûpart étoient malades, ou extrêmement fatigués. Après leur avoir témoigné fa reconnoiffance, & diftribué quelques petits préfens, il retourna dans l'endroit, d'où il avoit d'abord reconnu le pays. Il monta fur la montagne la plus haute de la chaîne, d'où avec le fecours de fon téléfcope, il découvrit à plein les montagnes de la Californie, & obferva, qu'au-deſſus du confluent des deux rivières à Saint-Denys, le Colorado prend fon cours l'efpace de dix lieues vers le fud-ouest, d'où fe portant au midi l'efpace de vingt autres, il va fe jetter dans le golfe de Californie. Il retourna à Caborca par un autre route, & arriva à la fin d'Octobre à fa miſſion de Dolores, après avoir fait près de 400 lieues.

Le père Kino fut alors convaincu que la Californie tient au continent de l'Amérique, & n'en eft féparée que par le Rio Colorado, fur quoi il publia la découverte qu'il venoit de faire. Le Commandant de Sonora l'en remercia au nom du Roi, & les Supérieurs de fon Ordre à fon exemple, s'acquittèrent du même devoir.

Le père Salva-Tierra, étant arrivé ce même mois de la Californie pour demander quelque secours aux missions & à la garnison de Sonora, fut très-flaté du récit qu'on lui en fit ; il écrivit au père Kino, & l'en félicita depuis de vive voix. Cependant, comme cette découverte n'étoit fondée que sur la simple vue, il exhorta le père Kino à entreprendre un second voyage, pour s'assurer de la vérité du fait, persuadé que le bonheur de sa mission de Californie, en dépendoit entièrement. Il le pria même de passer de Sonora jusqu'au Rio Colorado, de suivre le cours de cette rivière, & de se rendre par la côte de Californie à la garnison de Lorette. Le père Kino accepta son invitation avec joie, & après cinq jours de délai, occasionné par l'irruption des Apaches dans le village de Cucurpe, & dans les environs, les Pères partirent de la mission de Dolores le 1 de Mars 1701, & comme ils furent obligés de prendre différens chemins pour visiter leurs catéchumènes, ils se donnèrent rendez-vous à la Conception de Caborca. Le père Salva-Tierra prit celui de Saint-Ignace pour se rendre à la rivière de Caborca, dont il suivit le cours par Tiburama, Axi, San-Diego de Uquitoa, & San Diego de Pitquin, d'où il arriva au rendez-vous. Le père Kino prit un détour par Cocospera, Saint-Simon & Saint-Jude, & se rendit à Saint-Ambroise de Busanio, sur la même rivière de Caborca qu'il cotoya, & se rendit par Sarrii, Tiburama, & d'autres villages à Caborca. De-là, ils prirent leur route vers le nord, sous l'escorte de 10 Soldats, & se rendirent à Saint Edouard de Baissia, & à Saint-Louis de Bacapa, où ils furent joints par Marc de Niza, Provincial des Franciscains, comme il le rapporte lui-même dans sa relation des sept villes de Cibola. Après avoir fait encore 12 lieues, ils arrivèrent à Saint-Marcel, le seul endroit de la côte & du pays où l'on pût fonder une mission à cause de la bonté de son terrein, & de la quantité d'eau qu'on y trouve. Cet endroit, suivant les observations du père Kino, est à 50 lieues au sud de Caborca, 50 au nord de la rivière Gila, & à la même distance à l'est de Saint-Xavier du

Bac, au nord-ouest de l'embouchure du Rio Colorado.

Ils reçurent à Saint-Marçel une réponse favorable au message qu'ils avoient envoyé aux Quicimas, dont quelques-uns vinrent les joindre à une fontaine qui n'en est éloignée que de huit lieues. Ils leur dirent qu'il y avoit deux chemins pour se rendre à l'embouchure du Rio-Colorado, l'un par les vallées & les montagnes, & en prenant un long détour à la gauche des montagnes de Sainte-Claire; l'autre beaucoup plus court par la côte, en laissant ces montagnes à droite, & traversant un pays sabloneux & d'une vaste étendue, lequel aboutit à la rivière. Peut-être que les Indiens, qui sont accoutumés à voyager avec leurs bagages & leurs provisions à dos, ne trouvoient aucune difficulté à traverser ces sables. Cependant les Pères aimèrent mieux prendre le chemin de la côte, pour avoir occasion de la reconnoître, ce qui les frustra en quelque sorte du but qu'ils se proposoient. Après avoir marché 30 lieues pour découvrir la mer, ils arrivèrent à une petite Communauté, d'où laissant au nord la grande montagne de Sainte-Claire, dont les côtés font couverts l'espace d'une demie lieue de pierres ponces, ils entrèrent dans les fables le 19 de Mars. Le 20. le capitaine Jean-Mathieu Mange, & le père Kino, montèrent sur une haute montagne, d'où ils découvrirent non seulement la mer, mais encore la côte opposée & les montagnes de la Californie, étant par le 30ᵉ degré de latitude. Le 21 ils arrivèrent sur la côte, mais l'eau & les provisions leur ayant manqué, ils ne purent passer outre, de sorte qu'ils furent obligés de retourner à Saint-Marcel. Ils en repartirent, prenant leur route plus au nord, & lorsqu'ils furent au 32ᵉ degré 35 minutes, ils gravirent une montagne d'une hauteur extraordinaire, d'où environ une heure avant le coucher du soleil, ils découvrirent à plein la Cordillere de Californie, nommément les montagnes de Mescal & d'Azul. Ils découvrirent aussi à ne pouvoir en douter la jonction de la Californie & de Pimeria-Alta, de même

C iv

que le golfe, lequel se terminoit à l'embouchure du Rio-Colorado. C'est ce que le père Kino assure dans ses relations manuscrites, citant pour garant de ce qu'il avance celles du capitaine Jean-Mathieu Mange, imprimées en France, que je n'ai pû avoir, ni en François ni en Espagnol.

Le témoignage de ce dernier nous est inutile, le père Salva-Tierra assurant la même chose dans une lettre datée de Lorette du 29ᵉ d'Août 1701, dans laquelle il fait mention de cette découverte, de même que des avantages qui doivent en résulter, au père Général Thurso Gonzales.

« Je vous donne avis, mon Révérend Père, qu'ayant débarqué de l'autre côté de la Nouvelle-Espagne, je parcourus ses côtes, jusqu'à un endroit où j'eus lieu de croire, d'après le rapport unanime des Indiens, que la Nouvelle-Espagne & la Californie se joignent. Cependant, voulant m'assurer d'un fait aussi important, je continuai ma route jusqu'à une montagne, du haut de laquelle je découvris que les monta-

» gnes de la Californie se joignoient
» avec celles de la Nouvelle-Espagne.
» Je dois cette découverte à la Vierge
» de Lorette, & je compte de vous
» en envoyer dans peu un plus am-
» ple détail. J'avois avec moi le père
» Eusèbe-François Kino, qui, après
» ce voyage, ira j'espère, en personne
» dans ces endroits, que je n'ai vu que
» de loin, environ par la latitude de
» 32 degrés. Ce voyage ne me paroît
» pas maintenant fort utile, vu la
» distance qu'il y a du 26e degré, qui
» est celui où nous étions dans la Ca-
» lifornie jusqu'au de-là du 32e où le
» golfe paroît se terminer. Cette dé-
» couverte me fait espérer que la Ca-
» lifornie pourra devenir dans quelques
» années l'ame de ce Royaume, la
» principale source de son opulence,
» & le théâtre de son industrie. Je
» vous supplie donc de faire ensorte
» que l'on continue de nous protéger
» & de nous aider dans nos missions
» de Notre-Dame de Lorette dans la
» Californie. »

Ils trouvèrent dans cet endroit la
plûpart des Indiens, qui l'année pré-

cédente étoient venus les joindre à Saint-Denys, au-dessus du confluent des rivières, lesquels leur dirent, qu'il étoit éloigné de 30 lieues de la mer. Les provisions étant venues à manquer, le père Kino retourna après bien des dangers à Saint-Marcel, pour y bâtir une Eglise, & donner les ordres nécessaires pour fonder une nouvelle mission. Le père Salva-Tierra s'en fut à Caborca, Dolores & autres missions de Sonora, pour y recueillir les charités qu'il porta à Hiaqui, & de-là, sur la fin d'Avril, à Horette.

Je ne puis, sans manquer à la justice que je dois au père Kino, finir cette Section, sans rapporter les peines infinies qu'il s'est données pour s'assurer de la jonction de ces contrées, & pour réunir des nations différentes, en les disposant à recevoir l'Evangile.

Au mois de Novembre de la même année 1701, il se rendit à Saint-Marcel par un autre chemin que celui qu'il prit la première fois, & de-là sur la rivière Gila, qu'il passa à gué à Saint-Denys, près de son confluent avec le Colorado. Il repassa la Gila,

& suivit le cours de Colorado par les Communautés des Yumas & des Quinquimas, pendant l'espace de 20 lieues. Il y trouva un si grand nombre d'Indiens, que l'Espagnol qui le servoit s'enfuit de peur. Le Colorado a dans cet endroit plus de 600 pieds de largeur. Les Indiens le traversent à la nage, poussant devant eux leurs *Coryjlas*; ce sont des espèces de vaisseaux fait d'herbe & de jonc dans lesquels ils mettent un ou deux boisseaux de maïz, & dont le tissu est tellement serré, que l'eau ne sçauroit y pénétrer. Le père Kino ayant construit un radeau avec des branches d'arbres, le traversa au grand étonnement des Indiens, & trouva sur la rive occidentale un grand nombre d'Indiens de différentes Tribus, comme des Quinquimas, des Coanopas, des Bagiopas, & des Cetguanes, auxquels, par le moyen d'un interprête, il prêcha pour la première fois l'Evangile. Il fit trois lieues à pied dans le pays, & arriva à la résidence du Cacique des Quinquimas. Il trouva le pays uni, entremêlé de bois, & le sol très-propre pour le labour & le pâturage. Il y avoit dans ce canton, auquel il donna le nom de la Préfentation de Notre-Dame, environ 10,000 ames. Ils lui préfentèrent quantité de coquilles bleues, qu'on ne trouve que fur la côte oppofée de la Californie; & leur ayant demandé où étoit la mer du fud, ils lui dirent qu'ils en étoient éloignés de dix jours de marche. Le père Kino eût voulu traverfer tout le pays jufqu'à Monte-Rey, ou au cap Mendozino; mais il manquoit de bateaux pour tranfporter les animaux, & il y auroit eu de l'imprudence à les laiffer. Il fe contenta donc d'écrire au père Salva-Tierra à Lorette, qu'il jugea être éloigné de 130 lieues de l'endroit où il étoit. Il remit fes lettres aux Quinquimas, qui ne les rendirent point. Content de la découverte qu'il venoit de faire de tant de nations, il s'en retourna, vifitant chemin faifant les villages qu'il avoit fondés.

Au mois de Février 1702, le père Kino fit un dernier effort, & partit avec le père Martin Gonzales, lequel s'étoit volontairement offert de l'accompagner dans un voyage si rude & si fatiguant, qu'il falloit avoir la force & l'intrépidité du père Kino, pour oser l'entreprendre. Ils arrivèrent le 28 à Saint-Denys, au confluent des deux rivières, instruisant quantité d'Indiens, qui venoient les joindre de toutes parts. Au mois de Mars, ils poussèrent jusqu'à la Communauté des Quinquimas, à laquelle ils donnèrent le nom de San-Rudesindo. Les Indiens parurent extrêmement étonnés de les voir, & témoignèrent tant d'amitié aux Pères & même aux bêtes qu'ils avoient avec eux, que le père Gonzales leur distribua la moitié de ses hardes. Ils continuèrent de descendre le Rio-Colorado, en tirant vers le midi, & arrivèrent à son embouchure. Quantité d'Indiens qui habitoient sur la rive occidentale de ce fleuve se rendirent auprès d'eux, & les prièrent de venir dans leur pays. Il leur demanda quelles étoient les nations, les montagnes & les rivières qu'il y avoit de l'autre côté, & ils leur dirent qu'il y avoit dix journées de marche de l'endroit où ils étoient à la mer du lud. Ils passèrent la nuit du 10 dans l'embouchure même de la rivière, de sorte que dans la haute marée, l'eau venoit jusqu'à leurs lits. On commença de construire un radeau pour traverser la rivière, mais l'embarras des bêtes de somme, la largeur du fleuve, la rapidité du courant, & qui plus est, l'indisposition du père Gonzales, occasionnée par les fatigues qu'il avoit souffertes, furent cause qu'on abandonna ce dessein, & tout ce qu'on put faire, fut de le ramener. Le père Kino vouloit d'abord traverser les sables, comme le chemin le plus court, & reconnoître en même tems la côte jusqu'à Saint-Marcel; mais trouvant la chose impraticable, il s'en retourna avec toute la diligence qu'exigeoit la maladie du père Gonzales à la mission de Tibutama, où ce dernier mourut en arrivant, sa constitution ne s'étant point trouvée proportionnée à son zèle. Le père Kino s'occupa tout entier les années suivantes à étendre & à cimenter les missions qu'il avoit commencé d'établir à Pimeria, malgré les persécutions qu'on lui avoit suscitées aussibien qu'aux nouveaux convertis ; mais n'ayant personne pour le seconder, il fut obligé de voyager sans cesse d'un canton de cette vaste province à l'autre. Ce ne fut qu'en 1706 qu'il retourna sur le Rio-Colorado, étant entré dans ce pays avec les Officiers militaires de Sonora, que le Gouverneur envoya avec lui pour reconnoître le pays, & auxquels on joignit le père Manuel de Ojuela Franciscain. Ils trouvèrent les mêmes choses qu'ils avoient observées dans le voyage précédent, sur quoi ils s'en retournèrent. Le père Kino, toujours animé du même zèle se rendit à sa mission, & y resta jusqu'en 1710, qu'il plut à Dieu de le faire passer de ce séjour temporel dans celui de l'Eternité.

SECTION VI.

Nouvelles révolutions dans la Californie, & progrès des missions jusqu'à la fin de l'année 1703.

L'ARRIVÉE du père Salva-Tierra à Lorette, causa une joie inexprimable à tout le monde, mais surtout au père Ugarte, qui le connoissoit mieux que personne, & qui étoit lié avec lui d'une amitié intime. Les Supérieurs ne voulurent point d'abord permettre à ce dernier de rester dans la Californie, mais il témoigna tant de zèle pour la conversion des Gentils, que le père Salva-Tierra lui fit enfin accorder la permission qu'il demandoit, & celui-ci fut ravi de l'avoir pour collégue, quoiqu'il n'ignorât point le besoin qu'on avoit de lui à Mexico. Il fut immédiatement résolu que le père Piccolo iroit dans la Nouvelle-Espagne, pour faire radouber la barque à Matanchel, & y négocier les affaires communes de la mission. Il mit deux fois à la voile, mais le mauvais tems

l'obligea

de relâcher deux fois dans le port d'où il étoit forti, de forte qu'il remit fon voyage à une meilleure faifon. Le père Piccolo retourna à fa miffion de Saint-Xavier, & le père Ugarte refta avec le père Salva-Tierra à Lorette, pour apprendre la langue du pays, & l'affifter dans fes fonctions.

Le capitaine Don Antoine Garcie de Mendoza continuoit toujours à troubler la garnifon, & à la deffervir auprès des perfonnes en place : mais voyant que malgré fes plaintes réitérées, il ne venoit aucun ordre du Méxique pour l'exempter de la fubordination qu'il devoit aux Pères, & que ceux-ci ne vouloient point lui permettre d'opprimer les Indiens, en les obligeant à pêcher des perles & à d'autres travaux pénibles, il jugea à propos de fe démettre de fon emploi.

Le père Salva-Tierra l'accepta, & nomma en fa place fon Lieutenant Don Ifidore de Figueroa, qui ne tarda pas à fe montrer indigne de ce pofte par une action qui mérite d'être rapportée. Les Indiens de Vigge-Biaundo, à l'instigation de leur prêtres & de leurs Medecins, prirent tout-à-coup la résolution d'assassiner le père Piccolo, & de détruire son petit logement & la chapelle. Pour cet effet, ils se mirent plusieurs ensemble, & attaquèrent la garnison avec tant de fureur, que malgré la résistance de ceux qui étoient restés fidèles, ils s'en rendirent maîtres. Heureusement pour le Missionnaire, il étoit sorti quelque tems auparavant. Outrés d'avoir manqué leur coup, ils fondirent sur la maison & sur la chapelle, & les raserent de fond en comble, sans épargner ni les meubles ni les ornemens. Le Missionnaire ayant appris ce désastre, se retira à Lorette. Il ne convenoit cependant point d'abandonner Vigge; c'étoit de tous les cantons qu'on avoit découverts le plus propre au labourage, & d'ailleurs la sûreté publique exigeoit qu'un pareil attentat ne demeurât point impuni. En conséquence, le Lieutenant se mit en marche avec un détachement, mais il ne parut pas plutôt, que les Indiens abandonnèrent leur communauté. Les soldats vouloient les poursuivre, mais il s'y opposa, prétextant que ce seroit rompre la trêve. Les soldats en furent si mécontents, qu'on jugea à propos de nommer un autre Capitaine, & on choisit à la pluralité des voix Don Estevan Rodriguez Lorenzo, Portugais, lequel remplit ce poste avec honneur jusqu'en 1740. Les Indiens voyant la foiblesse de la garnison, ne gardèrent plus aucune mesure, au point qu'un jour que les soldats fustigeoient un Indien de Cinaloa, pour avoir trempé dans la révolte de Saint-Xavier, quelques-uns de la communauté s'approchèrent du camp, & y tirèrent quelques flèches au Capitaine & à la compagnie, & s'enfuirent sans qu'on pût les atteindre. Cependant on jugea à propos de leur pardonner, tant pour ne point r'ouvrir la plaie, qu'à cause qu'ils avoient ponctuellement satisfait aux conditions qu'on leur avoit imposées.

A la fin de la même année 1700, le père Ugarte se trouvant suffisamment instruit de la langue du pays, & les Indiens de Vigge paroissant tranquilles, comme il ne convenoit pas d'abandonner la mission, le père Salva-Tierra en chargea le père Ugarte, en attendant que le père Piccolo fût de retour de la Nouvelle - Espagne. Il s'y rendit en conséquence sous l'escorte de quelques soldats, mais son courage ne tarda pas d'être mis à l'épreuve. Les Indiens, soit par mécontentement, soit par la crainte des soldats, abandonnèrent le pays, de sorte qu'on fut plusieurs jours sans en voir paroître aucun. Les soldats voyant qu'ils n'avoient plus d'Indiens pour les servir, s'en plaignirent au père, & voulurent même aller les chercher, ce qu'il ne voulut point leur permettre de faire, crainte qu'ils ne les maltraitassent. Lassé à la fin de leurs insolences, il résolut de les congédier & de rester seul parmi ces sauvages, s'en rapportant entièrement à la Providence. Il avoit passé la journée tout seul, lorsqu'à l'entrée de la nuit, un enfant se rendit à la porte du collége, pour épier ce qui se passoit. Le Père le reçut avec amitié, & le chargea de dire à ses compatriotes de revenir,

& que les soldats s'en étoient allés. Les Indiens retournèrent les uns après les autres, si bien qu'après bien de la patience & des souffrances, il eut enfin le plaisir de voir tout son troupeau rassemblé. Il songea tout de bon à affermir sa mission; mais il forma deux projets également difficiles. Le premier fut d'instruire les Indiens, les engageant par la douceur à assister tous les jours à la messe, au rosaire & au catéchisme, & à ne plus fréquenter ni leurs prêtres ni leurs sorciers. Le second fut de les accoutumer à cultiver leurs terres & à prendre soin de leurs troupeaux, & de civiliser des sauvages paresseux, & accoutumés à vivre dans les bois. La stabilité & la durée de sa mission dépendoient principalement de la subsistance qu'il se procureroit à soi meme & à ses Indiens, sans compter sur les secours incertains de la Nouvelle-Espagne, & cette subsistance étoit également nécessaire à la garnison de Lorette, qui étoit tous les jours à la veille de périr de faim, étant obligée de tirer ses meubles, ses habits, &

ses provisions journalières de la côte opposée à travers une mer très-orageuse, & dans une barque à moitié usée. Le terrein de Lorette étoit si mauvais, que le seul parti qu'on avoit pu en tirer, étoit d'y faire un jardin fruitier & potager, dont le produit ne suffisoit pas pour l'entretien de sa garnison. Le père Ugarte, qui avoit un terrein suffisant & de meilleure qualité, se chargea donc de pourvoir aux besoins communs, du moins dans les cas urgents, indépendamment des secours qu'il se promettoit de ses Indiens. Les fatigues de corps & d'esprit qu'il eut à essuier parmi ces hommes stupides & sauvages sont à peine concevables, quoiqu'elles ne soient que trop communes dans tous les établissemens des missions.

On jugera par le peu que je vais dire, des soins & des travaux qui sont attachés à ces nobles entreprises.

Le matin, après avoir dit la messe, à laquelle il les obligeoit d'assister avec beaucoup d'ordre & de respect, il distribuoit à ceux qui devoient aller à l'ouvrage une portion de pozóli, après quoi ils se mettoient à travailler à l'église & aux maisons qu'il faisoit construire pour lui & pour ses Indiens, ils défrichoient le terrein, creusoient des tranchées pour conduire les eaux, des fosses pour planter les arbres, & préparoient les terres qu'on devoit ensemencer. Quant aux bâtimens, le père Ugarte faisoit tout-à-la-fois l'office d'architecte, d'inspecteur, de charpentier, de maçon & de manœuvre. Car les Indiens, quoique animés par son exemple, ne pouvoient vaincre leur paresse naturelle, quelques présents qu'il leur fît, & quelques bons propos qu'il leur tînt, & ils auroient sûrement abandonné l'ouvrage s'ils ne l'eussent vu travailler. Il étoit donc le premier à charrier les pierres, à gâcher le mortier, à couper le bois, à l'équarrir & à le transporter, à déblayer les terres, & à mettre les materiaux en œuvre. Sa tâche ne se bornoit pas-là; tantôt il bêchoit la terre, tantôt un levier de fer à la main, il fendoit les rochers, tantôt il creusoit les tranchées pour l'écoulement des eaux & tantôt enfin, il conduisoit lui-même au pâturage & l'abbreuvoir, les bestiaux qu'il avoit fait venir pour l'usage de la mission ; leur apprenant par son exemple les différents genres de travail. Les Indiens, qui sont naturellement stupides & bornés, ne pouvoient d'abord comprendre l'utilité des peines qu'il se donnoit ; & loin d'y prendre part, ils aimoient mieux courir dans les forets, ce genre de vie étant plus conforme à leur inclination naturelle. Ils mirent plus d'une fois sa patience à l'épreuve ; ils venoient tard, ils ne travailloient point, s'enfuioient, se mocquoient de lui, quelquefois même ils formoient des complots, & ne le menaçoient pas moins que de le tuer. Il supportoit tout cela avec patience, n'employant d'autres armes que la douceur & l'affabilité, qu'il avoit soin d'entremêler d'un certain air de gravité, pour les tenir en respect, observant surtout de ne point les fatiguer, & de se proportionner à leur foiblesse.

Le soir, le Père les conduisoit une seconde fois à leurs dévotions, leur faisoit réciter le rosaire, leur expliquoit

quoit le catéchisme, & après le service, distribuoit à chacun sa portion de pozoli, ou telle autre provision. Au commencement, il eut toutes les peines du monde à les contenir pendant le sermon. Ils contrefaisoient ses gestes & se mocquoient de ce qu'il disoit. Il les laissa faire pendant quelque tems & se contenta de leur en faire reproches ; mais voyant qu'ils n'aboutissoient à rien, il voulut essayer à son risque & péril, s'il pourroit venir à bout de les contenir par la crainte. Il y avoit auprès de lui un Indien extrêmement renommé pour sa force, & qui fier de cet avantage, qui est le seul dont on fasse cas parmi les Indiens, se comportoit encore plus grossièrement que ses camarades. Le père Ugarte, qui étoit d'une taille avantageuse & très-vigoureux, s'étant apperçu qu'il rioit, & cherchoit à faire rire les autres, le prit par les cheveux, l'enleva de terre & le secoua pendant quelque tems, ce qui inspira tant de frayeur aux Indiens, qu'ils s'enfuirent tous. Ils retournèrent peu de tems après les uns après les autres, & le Père leur parla d'un ton si ferme, qu'ils se comportèrent dans la suite avec plus de décence. Mais ayant appris que leurs éclats de rire ne venoient que de sa mauvaise prononciation, il se servit pour la corriger de l'entremise des enfans, s'étant apperçu que les hommes, indépendamment de leur opiniâtreté, lui en imposoient, pour avoir occasion de se mocquer de lui. Cependant, les ouvrages avançoient très-lentement, par la stupidité & la paresse de ces mauvaises créatures. Mais il n'y a point de difficulté qu'on ne surmonte par le travail, la persévérance, & la résolution, lors surtout qu'on n'agit que pour la gloire de son Créateur.

Le père Ugarte recueillit les années suivantes les fruits de sa patience & de son assiduité. Non seulement il instruisit les Indiens de la doctrine du Christianisme, & les accoutuma à assister dévotement au service divin, mais il les civilisa encore, & bannit de chez eux quantité de vices auxquels ils étoient auparavant sujets. De paresseux qu'ils étoient, il les rendit si laborieux, qu'il eut des récoltes abondantes de froment, de maïz & d'autres grains. On peut même dire qu'il surmonta l'impossible, étant venu à bout de cultiver & d'arroser un terrein difficile & scabreux. Il fit même une bonne quantité d'excellent vin, dont il envoya une partie aux missions de la Californie, & l'autre dans la Nouvelle-Espagne en échange pour d'autres marchandises. Il éleva aussi des chevaux & des moutons, de sorte qu'il devint le pourvoyeur général de garnisons & des missions, qui sans lui n'auroient pu subsister : mais rien n'étoit capable de l'arrêter. Ses travaux eurent tout le succès qu'il s'en étoit promis, & il vit l'accomplissement de ses souhaits, malgré quantité d'obstacles qu'on lui opposa, & des traverses qu'il eut à essuier.

En 1707, la sécheresse fut générale dans la Nouvelle-Espagne, & le pays en souffrit beaucoup. Cinaloa & Sonora s'en ressentirent, & pour comble de malheur, il ne plut point dans la Californie. Cependant, le père Ugarte, écrivant à Don Joseph de

Miranda, le 9 de Juin, lui dit. « Il y a déja deux mois que nos gens mangent de bon pain que nous avons fait avec le bled que nous avons recueilli, tandis que les pauvres meurent de faim sur la côte de Cinaloa & de Sonora. Qui eut jamais pensé pareille chose? »

Quoique ces recoltes ne suffissent pas pour toute l'année, elles ne laissoient pas que de diminuer la dépense, & d'être extrêmement utiles dans des circonstances pareilles à celles-ci, même après en avoir pris ce qu'il falloit pour la subsistance des Indiens, des garnisons & des missions. Mais pour donner tout-à-la fois une idée complette du zèle & de l'industrie de ce Religieux, je vais rapporter les moyens dont il se servit les années suivantes pour procurer des habits à ses Indiens. Ses troupeaux s'étant assez multipliés pour pouvoir fournir de la laine, il voulut leur enseigner la manière de l'apprêter, de la filer, & d'en faire du drap. Pour cet effet, il fit lui-même les quenouilles, les rouets & les métiers; il fit venir de

Tepique un Tisserand nommé Antoine Moran, à qui il promit cinq cens piastres de gages par an. Moran resta plusieurs années dans la Californie, jusqu'à ce que les Indiens fussent suffisamment instruits de son art, & de quelques autres qu'il sçavoit. Au moyen de ces nouvelles manufactures, il épargna les sommes immenses qu'il lui en coûtoit pour faire venir de dehors les habits, les couvertures, &c. en quoi il ne montra pas moins de piété que de politique ; il seroit à souhaiter que l'on suivît cet exemple dans l'Espagne & dans l'Amérique, & qu'on n'y employât que les étoffes qui s'y fabriquent ; ce seroit le moyen de remédier à la pauvreté & à la disette d'habitans qui y règnent, ce qui procureroit un bien infini à l'état. Les malheurs & les disgrâces qu'elles éprouvent ne viennent que du défaut d'encouragement, & par conséquent d'industrie, ce qui fait qu'on épuise le pays pour enrichir les étrangers, des manufactures desquels on ne peut absolument se passer. Ces avantages furent le fruit du tems & du zèle du père

Ugarte, dont l'exemple a été suivi par les autres Missionnaires ; ils en connoissoient le prix par le besoin, la disette & les dangers qu'ils éprouvèrent les premières années. Avec l'année 1701, finirent toutes les provisions de la garnison de Lorette, ce qui fit que le père Piccolo se hâta de partir, tant pour aller chercher du secours sur les côtes de la Nouvelle-Espagne, que pour représenter de vive voix aux Audiences de Guadalaxara & de Mexico, des choses dont le récit par écrit avoit fait si peu d'impression sur les Magistrats. Il s'embarqua le 26 de Décembre, & les pères Ugarte & Salva-Tierra restèrent avec les gens de la garnison dans une disette extrême de toutes choses jusqu'au 29 de Janvier 1702, que la barque retourna chargée de maïz, de farine & d'autres provisions. Mais ce secours ne fut pas de longue durée, car, comme le Capitaine Rodriguez Lorenzo le dit dans son journal, « le » vénérable père Salva-Tierra distribua » ces provisions aux Indiens avec tant » de libéralité, que nous retombâmes

» dans la disette. » Le printems & l'été suivans, leur besoin devint extrême & effrayant, le secours qu'ils attendoient ayant manqué; & la chose ne pouvoit être autrement, vu qu'il dépendoit d'une seule barque, qu'on fut longtems à radouber, indépendamment de celui que l'on mit à la charger, & du mauvais tems qu'on essuya. On diminua pendant quelque tems les rations, mais à la fin, les provisions manquèrent tout-à-fait, à l'exception de quelque peu de viande gâtée, de manière qu'ils furent réduits à vivre comme les Indiens, cherchant sur la côte le poisson que la mer y avoit jetté, & courant les montagnes pour cueillir des pitahayas, des fruits & des racines. Le père Ugarte leur montroit lui-même l'exemple, & imaginoit toutes sortes de moyens pour les faire subsister.

On ne peut lire sans en être touché, les lettres de ces Religieux, lors surtout qu'ils entrent dans le détail de la famine, des peines & des malheurs qu'ils eurent à essuier, & des différents moyens qu'ils employèrent pour ne ne point mourir de faim. Pour comble de malheur les Indiens se révoltèrent par l'indiscrétion d'un soldat appellé Poblano. Il venoit d'épouser une Indienne qui avoit embrassé le Christianisme ; sa mère vint au camp dans le mois de Juin, qui est le tems de la récolte des Pitahayas, & l'engagea à quitter son mari, pour aller partager les danses & les divertissemens qui l'accompagnent. La fille estimoit trop son plaisir pour se refuser à sa proposition, & elle profita de la nuit pour s'évader avec sa mère. Le soldat s'étant apperçu de l'absence de sa femme, demanda au Capitaine la permission de l'aller chercher, & de la ramener ; il le lui permit, à condition qu'il n'iroit que jusqu'à une certaine distance, qu'il lui marqua. Le soldat partit avec un de ses camarades, & ne l'ayant point trouvée, il retourna au camp. Mais l'amour & la colère le transportoient si fort, qu'au bout de quelques jours il s'en fut avec un Californien à une communauté, où il avoit appris qu'on se divertissoit. Un vieux Indien qu'il rencontra, ayant fçu le motif de fon voyage, lui conseilla de s'en retourner, s'il ne vouloit s'expofer à perdre la vie. Le foldat, aveuglé par fa paffion, l'infulta, & celui-ci ayant voulu fe revencher, il le tua d'un coup de fufil. Les Indiens accoururent au bruit & le tuèrent à fon tour à coups de flèches, & bleffèrent fon camarade, lequel étant arrivé au camp, ne manqua pas de raconter ce qui venoit de fe paffer. Là-deffus, le Capitaine fit dire aux Pères qui étoient à Londo, de fe retirer à Lorette, & donna ordre à trois foldats qui étoient à Sainte-Rofalie, de fe tenir fur leur garde. Il partit lui-même avec un détachement pour aller chercher les Indiens, lefquels fachant la foibleffe de la garnifon, ameutèrent toutes les Communautés, de manière que la révolte devint générale. Nos gens eurent beaucoup à fouffrir dans cette expédition, tant de la faim que de la fatigue, ayant été obligés de traverfer des montagnes, des précipices & des défilés fort rudes. Il y eut quelques efcarmouches, dans lefquelles quatre ou cinq rebelles furent tués. Le père Ugarte avoit semé du maïz, & étoit sur le point de le cueillir, lorsque les Indiens le détruisirent, & ils en auroient fait autant de la chapelle & de la maison, si elles n'eussent été gardées par quelques soldats & Indiens. Ils assouvirent leur rage sur quelques chèvres, dont le lait servoit de nourriture aux Pères dans l'extrêmité où ils se trouvoient. Le nombre & les insolences des Indiens augmentoient tous les jours, & avec elles la disette & la consternation de nos gens, lorsque heureusement pour eux, la barque arriva avec des provisions & un renfort de quelques soldats. Ce secours inopiné appaisa insensiblement les troubles, les Indiens se reconcilièrent par l'entremise des Pères, & tout parut rentrer dans sa première tranquillité.

Parmi ces circonstances désagréables, on eut le chagrin de ne recevoir aucune nouvelle du père Piccolo, qui, comme on l'a dit ci-dessus, avoit été dans la Nouvelle-Espagne. Ce Père, après avoir pris à Cinaloa les mesures nécessaires pour faire passer du secours à ses collégues, se rendit à Guadalaxara, où on lui communiqua les trois ordres dont on a parlé, par lesquels le Roi Philippe V assignoit 6000 piastres pour cette conquête, & demandoit qu'on lui en envoyât le détail. Là-dessus, l'Audience royale de Guadalaxara, lui ordonna de lui rendre compte de ce qui s'étoit passé, ce qu'il fit dans un écrit daté du 10 de Février 1702, que l'on imprima peu de tems après à Mexico, avec la déposition des trois personnes qui avoient été dans la Californie. Ces affaires conclues, il partit pour Mexico, au commencement de Mars, trois mois avant que l'ordre du Roi y arrivât. Le père Alexandre Romano présenta un Mémoire au Gouverneur, par lequel il le supplioit de lui faire payer les 6000 piastres, lui représentant le besoin & le danger où se trouvoient la garnison & les Pères; mais il n'y fit aucune réponse. Le père Piccolo, aussitôt après son arrivée, en présenta un autre, que l'on envoya au Trésorier. Mais quoiqu'il confirmât la vérité de ce qu'on avoit dit, il ne put obtenir que 3000 piaſtres, qu'on donna ordre de lui avancer. Il s'en fut chez le caiſſier, lequel lui dit qu'il ne pouvoit les payer, la Cour de Madrid ayant donné ordre en 1696, qu'on ne fît aucun payement, qu'on ne ſpécifiât la branche du revenu ſur laquelle on devoit le faire. Le Père s'en plaignit, & avec d'autant plus de raiſon, qu'on ne pouvoit douter de l'intention de Sa Majeſté. Le Tréſorier le favoriſa dans cette occaſion, ſi bien que dans un Conſeil tenu le 29 d'Avril, après qu'on eut examiné leurs papiers, on donna ordre de compter 6000 piaſtres. A l'égard de la demande qu'il faiſoit d'un vaiſſeau, de ſix ſoldats & de trois Miſſionnaires, elle fut rejettée, juſqu'à ce qu'on eût écrit à Sa Majeſté, à laquelle on envoya le mémoire & les autres écrits touchant la Californie.

Le père Piccolo ayant reçu l'argent deſtiné pour payer la garniſon, acheta avec celui que lui fournirent quelques perſonnes charitables, les proviſions ſpécifiées des les mémoires, & les envoya aussitôt à ses collégues, dont les besoins ne pouvoient être plus pressans. Ils étoient tels, que Don Joseph de la Puente, Marquis de Villa-Puente, en fut sensiblement touché. Ce gentilhomme offrit d'entretenir trois missions à ses dépens ; & Don Louis de Arteaga & sa femme, à son exemple, offrirent d'en fonder une quatrième.

Les fonds nécessaires pour l'entretien de quatre missions étant ainsi assurés, le père Piccolo pria le Provincial François de Arteaga, de vouloir nommer les Missionnaires qu'il falloit pour les desservir : mais la rareté des sujets, le nombre des Prêtres de cette province n'étant que de 300, jointe à la nécessité où l'on étoit d'en fournir aux colléges & aux missions répandues dans le vaste continent de l'Amérique méridionale, fut cause qu'on n'en put nommer que deux, savoir, le père Jean-Manuel de Bassaldua, natif de Mechoacan, & le père Jerôme Minutili, Sarde de nation. On acheta à Acapulco un vaisseau appellé Notre-Dame du Rosaire, on chargea une partie des provisions dessus, & le père

Minutili le mena à Matanchel dans la Nouvelle-Galice, où les Pères s'embarquèrent avec les vivres & les effets dont ils avoient besoin. Leur voyage fut très-heureux jusqu'à l'entrée du golfe, mais ils furent ensuite accueillis d'une tempête si violente, qu'ils furent obligés de jetter dans la mer la partie de la carguaison qui étoit sur le pont. Le vent s'appaisa enfin, la mer reprit son premier calme, & ils arrivèrent dans la baie de Lorette le samedi 28 d'octobre, où ils rendirent grâces à Dieu de la protection qu'il leur avoit accordée dans le danger pressant où ils s'étoient trouvés.

On avoit congédié une partie de la garnison faute de pouvoir la payer, & l'on jugera aisément de la joie de ceux qui restoient, si l'on se rappelle la détresse dans laquelle ils s'étoient trouvés. Elle fut telle, qu'ils se rendirent en foule auprès du père Piccolo, pour le remercier de l'expédition qu'il venoit de faire. Le père Jean-Marie, encouragé par le renfort d'ouvriers qui venoient d'arriver, de même que par l'assurance de recevoir du trésor royal la somme qu'on lui avoit assignée, toute insuffisante qu'elle étoit pour la garnison, conçut des desseins plus relevés, & conféra avec ses collégues sur les moyens de les mettre en exécution. Ils resolurent d'un commun accord que le père Ugarte se rendroit dans le continent pour y acheter du bétail, des chevaux & des mulets pour le labourage & le service des missions ; que le père Minutili resteroit à Lorette avec le père Salva-Tierra, & que le père Bassaldua iroit à Saint-Xavier avec le père Piccolo, pour apprendre la langue, pour l'aider & s'accoutumer aux fonctions du ministère. Le père Ugarte partit au commencement de Novembre, mais un vent de nord-ouest l'obligea de relâcher au bout de quelques jours. Il repartit pour la seconde fois dans le mois de Décembre, & arriva heureusement à Saint-Joseph de Guaymas, sur la côte de Pimeria, d'où il retourna dans le mois de Février dans la Californie avec un bon nombre de bêtes à cornes, des moutons, des chevaux, des mulets, & quantité de provisions. Sur ces entrefaites le père Salva-Tierra fit quelques voyages, mais peu considérables, tant parce que ses gens le suivoient à pied, qu'à cause de la rudesse & de l'âpreté du pays ; mais après avoir reçu ce nouveau renfort, il poussa ses marches plus loin, & partit le premier de Mars 1703, pour aller reconnoître la côte occidentale qui borde la mer du sud. Il prit avec lui le Capitaine & un certain nombre de soldats & de Californiens, & se rendit à la mission de Saint-Xavier de Vigge, & de-là à Sainte-Rosalie, où les pères Piccolo & Bassaldua vinrent le joindre. Ils se rendirent ensemble sur la côte opposée, sans rencontrer aucun Indien sur leur route, & la parcoururent au sud & au nord, sans y trouver ni le moindre port ni la plus petite crique, où les vaisseaux pussent se mettre à couvert. Il est vrai qu'ils rencontrèrent d'assez bons terreins pour le labourage, mais ils manquoient d'eau, & il y auroit eu de l'imprudence à compter sur les pluies, l'expérience leur ayant appris qu'elles sont très-irrégulières

lières & très-incertaines. Ils avancèrent vers le midi jusqu'à la petite rivière de Saint-Xavier, laquelle se jette dans la mer à travers quelques criques, où l'on trouve quantité de poissons testacés, indépendamment d'autres espèces. Ils apperçurent de loin quelques Indiens de l'un & de l'autre sexe, lesquels prirent la fuite dès qu'ils les virent; mais ils envoyèrent après eux quelques Californiens qui les rassurèrent. Ils rencontrèrent en s'en retournant deux communautés, qu'ils encouragèrent à se rapprocher de Saint-Xavier de Vigge, mais ils ne virent aucun endroit où l'on pût s'établir, faute d'eau, de manière qu'ils revinrent à Lorette. Ils firent dans le mois de Mai un second voyage au nord, pour reconnoître une certaine rivière qui est au-delà de la baie de la Conception, dans l'espoir de fonder une mission sur ses bords. Etant arrivés près de la baie, qui est à 40 lieues de Lorette, ils trouvèrent une grosse communauté d'Indiens, qui les ayant apperçus, prirent aussitôt leurs flèches; sur quoi le père Ugarte s'avança avec les Californiens, qui lui servoient de guides & d'interprêtes, & ils les reçurent avec beaucoup de politesse. Ces Indiens lui dirent qu'il y avoit encore loin de la Conception à cette rivière, & que le chemin étoit rempli de rochers & de précipices, de sorte qu'ils ne jugèrent pas à propos d'y aller pour cette fois ; mais ils résolurent de faire cette découverte par mer à la première occasion favorable.

Mais il se répandit bientôt un nuage affreux sur toute la Californie. Quelques Indiens de Saint-Xavier vinrent nous donner avis que les mécontens de leur communauté, à l'instigation des chefs de la dernière conspiration, s'étant unis avec d'autres communautés, avoient massacré dans une nuit tous les catéchumènes adultes, à l'exception de ceux qui avoient trouvé le moyen de se retirer dans la garnison. Cette nouvelle nous chagrina beaucoup, & l'on résolut unanimement de faire un exemple de ces barbares, qu'on sçut être principalement ceux qui avoient assassiné le soldat

Poblano, & que l'impunité avoit enhardi à commettre de nouveaux outrages. Le Capitaine à la tête d'un corps de soldats & d'Indiens, surprit les rebelles à minuit, mais la plûpart s'enfuirent. On en tua quelques-uns, & entr'autres un qui avoit été le plus actif dans ce massacre. Le chef de la conspiration se sauva, & c'eût été une imprudence à nos gens de le poursuivre dans un pays inconnu & rempli de rochers & de précipices ; mais le Capitaine qui vouloit à quelque prix que ce fût arrêter ces sortes de séditions, menaça tous les Indiens, qui étant compatriotes des Catéchumènes étoient restés à Saint-Xavier, ou s'y étoient rendus depuis peu, de les poursuivre sans miséricorde, s'ils ne lui livroient le chef de la conspiration mort ou vif, si bien qu'au bout de quelques jours, ils le lui amenèrent en vie. Le Capitaine le jugea sur les dépositions de ses compatriotes, qu'il confirma lui-même de sa propre bouche. On découvrit qu'il avoit plusieurs fois tenté d'égorger les Pères & les soldats, & que n'ayant pu exécuter son deſſein, il avoit tourné ſa rage contre la chapelle & les images, & dernièrement enfin contre les Catéchumènes, de la manière barbare qu'on a dit. On ſçut auſſi que c'étoit lui qui avoit eu le plus de part à l'aſſaſſinat de Poblano, & qui avoit conſeillé aux Indiennes d'épouſer les Eſpagnols, pour avoir lieu d'occaſionner plus ſouvent de pareils malheurs; & enfin, que depuis le commencement, il avoit été le boutefeu de la plûpart des révoltes, & que par conſéquent il méritoit la mort; & là-deſſus le Capitaine prononça ſa ſentence; mais avant de la mettre en exécution il en donna avis aux pères de Lorette. Le père Piccolo ſe rendit immédiatement ſur le lieu, & fut d'avis qu'on le relâchât, à quoi le Capitaine ne voulut point conſentir. Le père Salva-Tierra propoſa qu'on le bannît à perpétuité du pays, mais le Capitaine fut inflexible, diſant qu'il falloit abſolument en faire un exemle, ſi bien qu'on ne put en obtenir qu'un répit pour l'inſtruire & le batiſer; ce qu'on fit à la grande ſatisfaction du criminel, qui avoit plus d'esprit que ses autres compatriotes, & qui étoit déja suffisamment instruit de nos saints mystères. Il devint un tout autre homme après avoir été batisé, & desira la mort, autant qu'il l'avoit méritée, exhortant ses camarades à ne plus retomber dans de pareils crimes. Le père Bassaldua, & les pères Piccolo & Salva-Tierra l'assistèrent dans ses derniers moments, & le firent enterrer à Lorette. Les Indiens furent tellement effrayés de cet acte de sévérité, qu'ils n'osèrent remuer de longtems.

On profita de la profonde tranquillité dont on jouissoit pour fonder de nouvelles missions : en effet, c'étoit un avantage qu'il ne convenoit pas de négliger. Il en manquoit encore deux, l'une au midi de Lorette, sur la côte de Ligui ou Malabat, qu'on disoit être un endroit fort convenable, & l'autre au nord, sur la rivière que le père Ugarte avoit inutilement tenté de découvrir par terre, dans le mois de Mai. Mais on en eut de nouvelles sûres par la barque, que les vents contraires y avoient jettée dans un de ses voyages à Hiaqui. Pour mieux la connoître, les pères Piccolo & Bassaldua, accompagnés du Capitaine & de quelques soldats, s'y rendirent vers la fin d'Août avec la barque de la garnison. Ils portèrent au nord, & un peu au-dessus de la Conception; ils trouvèrent l'embouchure de la rivière, qui est appellée Mulége dans la langue du pays, derrière le cap de Las-Virgines. Ils mirent pied à terre, & s'avancèrent environ l'espace d'une lieue dans le pays, toujours en cotoyant la rivière, jusqu'à l'endroit où l'on a fondé depuis la mission de Sainte-Rosalie. Comme ils vouloient mieux reconnoître le pays, qui est très-rude & très-montagneux, & qu'ils ne pouvoient se passer de montures, ils se rembarquèrent, & furent en prendre sur la côte opposée. Le père André de Cervantes, Missionnaire d'Hiaqui, leur en fournit; le père Piccolo resta avec deux laïcs pour lever les contributions dans les missions de Sonora, & le père Bassualda retourna à la rivière Mulége. Ils eurent toutes les peines du monde à traverser les montagnes, situées entre le nord & le nord-ouest de Lorette. Il le falloit pourtant pour pouvoir fonder la mission; mais n'ayant pu pénétrer dans le pays, ils se rembarquèrent pour la baie de la Conception, laquelle n'est éloignée que de deux lieues de la rivière Mulége. Ils renvoyèrent la barque à Guaymas, & retournerent par le chemin qu'ils avoient découvert & frayé en partie dans le mois de Mai à Saint-Jean de Londo, résidence du Visiteur, d'où le père Salva-Tierra se rendit à Lorette, & où ils le suivirent peu de tems après, à l'occasion du malheur que voici.

Le Viceroi voulant arrêter les violences que l'on commettoit dans la pêche des perles, qui avoient empêché jusqu'alors la conversion des Californiens, avoit défendu à qui que ce fut de sortir de la Nouvelle-Espagne, soit pour en pêcher ou pour en faire trafic, sans la permission du gouvernement; enjoignant de la montrer au Capitaine de la garnison de Lorette. Cependant, nonobstant cette défense, deux vaisseaux osèrent en venir pêcher entre les îles; mais une tempête, qui pensa faire périr la barque de la garnison dans son trajet de la Conception à Guaymas, les obligea de se faire échouer dans la baie de Saint-Denys. L'équipage, qui étoit composé d'environ 70 hommes, se sauva heureusement, & se rendit à la garnison pour y demander du secours. On apperçut peu de tems après 14 hommes dans une chaloupe, qui avoient échappé du naufrage de l'autre vaisseau. On fut donc obligé de les habiller & de les nourrir pendant tout le tems que l'on mit à radouber les vaisseaux; & cet acte de charité consomma le peu de provisions que le père Piccolo avoit fait venir d'Hiaqui. Vers la fin de l'année, on transporta dans le continent les 14 hommes dont on vient de parler, avec le père Minutili, à qui l'air de la Californie étoit contraire, & il se rendit à Tibutama, dans la province de Sonora, pour aider le père Kino dans ses fonctions.

SECTION

SECTION VII.

Ordres de Sa Majesté en faveur des Missions. Difficultés & traverses qu'elles ont à essuyer en 1704, tant dans la Californie que dans le Mexique. Le père Salva Tierra est nommé Provincial de la Nouvelle-Espagne.

LES missions de la Californie se trouvèrent au commencement de l'année 1704 dans une si grande détresse, que peu s'en fallut que cette année, qui étoit la 7e de cette nouvelle conquête, ne finît par leur ruine totale. Le vaisseau le Rosaire avoit besoin de radoub, & on ne pouvoit le faire que dans le continent, d'où il falloit tirer la caisse, l'ordre pour le payement des troupes, les provisions, & quantité d'autres choses nécessaires pour les missions & pour les Pères qui les desservoient. Le 12 de Février, le père Bassaldua s'embarqua sur ce vaisseau pour Matanchel, d'où il se rendit à Guadalaxara & à Mexico. Le père

Piccolo retourna avec la barque le Saint-Xavier à Guaymas, la mission de Saint-Joseph ayant été annexée à celles de Californie, afin qu'étant sous le même Supérieur & le même Visiteur, il y regnât plus d'harmonie, & que l'on pût se procurer plus aisément les provisions & les animaux dont on avoit besoin dans la Californie. Le père Piccolo fit divers voyages sur la côte opposée, pour ramasser les vivres nécessaires pour la garnison, mais on ne doit pas croire que ce qu'il en tira pût suffire pour tant de monde. La plupart des provisions s'étoient gâtées, en partie par leur trop long séjour dans les magasins, & partie pour avoir été mouillées par l'eau de la mer, & d'ailleurs le mauvais tems ne permettoit pas toujours d'en faire venir de dehors, d'autant plus que la barque étoit en très-mauvais état.

Le père Bassaldua comptoit en arrivant à Mexico, de lever toutes les difficultés, & de faire cesser les détresses de sa chère Californie, & d'engager le gouvernement d'en faire la conquête, d'autant plus que c'étoit l'intention du Roi. Mais il vit bientôt l'illusion de ses espérances, toutes bien fondées qu'elles étoient. L'année d'auparavant, savoir 1703, les pères Bernard Rolendigui, & Nicolas de Vera, s'étoient transportés de Mexico à Madrid & à Rome, en qualité d'Agens de la province du Mexique. Ils présentèrent au jeune Roi, Philippe V, un Mémoire & un état des missions établies dans la Californie, de leur état actuel, & des avantages tant spirituels que temporels qu'on pouvoit s'en promettre pour ses Domaines, s'il plaisoit à Sa Majesté d'encourager les missions ; les moyens & les mesures qu'il convenoit de prendre pour rendre cet encouragement efficace, & les dommages qu'auroit à souffrir la Couronne, si l'on abandonnoit une entreprise, qui paroissoit plus sûre que jamais. On lut ce Mémoire le 16 de Juin dans le Conseil Souverain des Indes, en présence de Sa Majesté ; on y discuta à fond la matière, & l'on donna ordre au Trésorier du Conseil de faire son rapport au sujet des premiers Mémoires, vu que ceux qu'envoyoit le gouvernement du Mexique, n'étoient point encore arrivés, & que l'affaire ne souffroit aucun délai. Sur le rapport que fit le Tréforier le 28 de Septembre 1703, Sa Majesté signa cinq ordres : le premier étoit adressé au Viceroi, & lui enjoignoit de payer dorenavant les sommes qu'il avoit accordées aux Missionnaires de Cinaloa, de Sonora & de la Nouvelle-Biscaye, à ceux de la Californie, & en outre, de leur fournir les cloches, l'huile, les ornemens & les autres choses qu'on a coutume de donner aux nouvelles missions. Il lui ordonnoit encore d'assembler les Officiers militaires, les Jésuites & les personnes qui connoissoient le pays & ses côtes, pour conférer sur l'établissement d'une garnison dans les contrées les plus septentrionales, laquelle devoit être composée de trente soldats & d'un Capitaine, au choix du Viceroi pour la défense du pays, & la sûreté des vaisseaux des Philippines; d'acheter un vaisseau d'un port convenable, pour transporter les habitans, dont l'équipage seroit composé d'un patron & de huit matelots, comme aussi les vivres pour l'usage de la mission. Que tous les ans, sans égard à l'ordre de 1696, il seroit payé sans aucune déduction ni délai, 7000 piastres sur la trésorerie de Guadalaxara, indépendamment des 6000 qu'on avoit déja assignées pour ce service. Enfin, Sa Majesté exigeoit qu'on lui envoyât un état des missions que les particuliers avoit fondées, que l'on rétablît la pêcherie des perles, observant de prévenir toute plainte, & de punir sévèrement toute violence, fraude, ou querelle, & que pour peupler & assurer la conquête, on fit passer dans la Californie les familles de la Nouvelle-Espagne, qui se trouvoient dans l'indigence. Les quatre autres Cédules contenoient des remercîmens; l'une pour Don Joseph de Miranda Villazan, Trésorier de Guadalaxara, & le père Provincial de la Société, pour leur zèle; les autres pour Don Juan Cavalero y Ozio, & la Congrégation de Los-Dolores, pour la fondation de trois missions, à laquelle ils avoient contribué par leurs pieuses donations.

Les Cédules parvinrent au Viceroi le 11 d'Avril 1704, il les renvoya au Tréforier, lequel dans son rapport du 18 du même mois, dit qu'il falloit en observer entièrement & absolument le contenu. Le père Bassaldua étoit au comble de sa joie, ne doutant point que le tems ne fût enfin venu, qu'il verroit sa mission sûrement établie, & prospérer tous les jours, & dans cette croyance, il en rendit de très-humbles actions de grâces à Dieu. Il en arriva cependant tout autrement, car le Viceroi renvoya la Cédule & le rapport du Tréforier à une assemblée générale, à laquelle dévoient assister le père Piccolo, qu'on disoit être à Acapulco, lorsqu'il étoit à Guaymas, le port le moins fréquenté du golfe de Californie, de même que le père Salva-Tierra qui y étoit aussi. Le père Visiteur Manuel Peneyro, écrivit à ce dernier de se rendre à Mexico, mais sur ces entrefaites, le nouvel ordre du Roi ne fut point exécuté, malgré le zèle & la force avec laquelle Sa Majesté, par un effet de son soin pour la Religion, y manifestoit ses royales intentions. Le père Bassaldua demanda qu'on lui payât au moins les 6000 piastres que Sa Majesté avoit accordées par son ordre de 1701, pour qu'il pût satisfaire la garnison ; mais on les lui refusa, alléguant pour prétexte le dommage que la flote avoit souffert de la part de l'ennemi dans le port de Vigo en Galice, & qu'on étoit obligé d'employer l'argent du trésor à des affaires beaucoup plus importantes. Mais la véritable cause du refus que l'on fit d'envoyer du secours dans la Californie, tant dans ce tems-là, que depuis, indépendamment des moyens que l'on mit en usage pour éluder les ordres du Roi, tout positifs qu'ils étoient, fut (j'omets ici ceux dont j'ai parlé ci-dessus) le zèle avec lequel les Ministres de Sa Majesté firent passer en Espagne le plus d'argent qu'ils purent, Sa Majesté ayant d'autant plus besoin de secours, qu'une grande partie de l'Europe s'étoit liguée pour la dépouiller de sa Couronne. Dans cette circonstance critique, si l'on eût employé les revenus du Roi à de nouvelles penſions, des vaiſſeaux, des conquétes, des Miſſionnaires & des garniſons, ce qu'on auroit envoyé en Eſpagne eût été peu de choſe. Les choſes étant telles que je viens de dire, on ne ſçauroit trop admirer la magnanimité & la pieté de ce Prince incomparable, lequel ſe mettant au-deſſus des troubles & des dangers auxquels dans ce tems-là, non-ſeulement ſes domaines, mais encore ſa perſonne étoient expoſés, ne ceſſa point d'envoyer les ordres les plus précis & les plus abſolus pour la pourſuite de ces entrepriſes apoſtoliques & utiles. Le déſaſtre qu'éprouva la flote à Vigo, affecta la plus grande partie des bienfaiteurs que la miſſion de la Californie avoit dans la Nouvelle-Eſpagne; & la conſéquence en fut, que le père Baſſaldua ne put amaſſer qu'une modique ſomme pour ſa miſſion : qu'il ſe vit borné à radouber ſimplement ſa barque, & à acheter une petite quantité de proviſions néceſſaires, avec leſquelles il s'embarqua avec le père Ugarte, qui venoit d'être nommé pour ſuccéder au père

Minutili dans la Californie, & arriva à la fin de Juin dans la baie de Saint-Denys, avec aussi peu de satisfaction pour lui, que pour la garnison de Lorette.

Les Missionnaires & les garnisons de la Californie se trouvoient dans la plus grande détresse, & elle devint extrême vers la fin de l'été, les gros & les petits vaisseaux qu'on avoit frété pour aller chercher des provisions dans le continent, ayant été obligés de revenir deux fois à vide, par la violence des vents de nord-ouest. Les soldats de la garnison, qui avec les matelots & les Indiens de la Nouvelle-Espagne, montoient à soixante personnes, ne purent s'empêcher de faire éclater leur mécontentement. Il étoit fondé sur ce qu'ils n'avoient point reçu de Mexico les billets qu'ils avoient demandés pour la sûreté de ce qui leur étoit dû. Leur mécontentement étoit tel, qu'on s'apperçut aisément que s'ils n'abandonnoient point la garnison, ce n'étoit que par amour & par respect pour les Pères, qu'ils voyoient dans la même détresse qu'eux. Enfin la disette augmenta au point, que le père Jean Marie crut devoir assembler les Pères & le Capitaine, pour délibérer avec eux, si l'on abandonneroit la mission ou non. Quant à lui, il étoit fermement résolu de rester seul parmi ses Californiens, ainsi qu'il le marqua au Trésorier Miranda dans sa lettre du 8 de Février de la même année. « Pour moi, quelque risque » que je coure, je resterai ici sans sol- » dats; & je suis persuadé que le père » Ugarte suivra mon exemple. » Ils étoient les seuls qui restassent dans la mission, les pères Piccolo & Bassaldua étant absens. Mais il n'étoit pas raisonnable de forcer les autres à souffrir les mêmes extrêmités, & quand même ils auroient été disposés à se sacrifier eux-mêmes, c'étoit bien le moins qu'on leur laissât le choix, pour ne point les priver du mérite & de la gloire qui leur étoit due. Il n'étoit pas non plus de la prudence d'exposer purement par zèle & par fermeté tant de personnes à périr de faim, ni de se charger de la haine commune, en cas que ce malheur arrivât. Tous les

Pères, le Capitaine & un autre Officier de la garnison s'étant donc assemblés, le père Jean Marie leur dit, qu'il étoit inutile de leur représenter le triste état auquel ils étoient réduits, vu qu'ils le sentoient malheureusement eux-mêmes ; que cependant ils ne pouvoient le lui imputer, ayant été témoins des peines & des soins qu'il s'étoit donnés : qu'ils n'ignoroient pas non plus le mauvais succès qu'avoit eu le père Bassaldua à Mexico, & que pour le présent, ils n'avoient aucun secours à attendre de ce pays. Que sa garnison & sa mission méritoient à tous égards les libéralités de Sa Majesté, qu'il leur avoit communiqué les cédules qu'elle avoit fait expédier au mois de Septembre de la présente année. Qu'on l'avoit mandé à Mexico pour conférer sur les moyens de les exécuter, mais qu'il ne sortiroit point de la Californie, que sa mission ne fût secourue ou détruite : que comme l'exécution de ces cédules étoit retardée, & que le besoin devenoit tous les jours plus pressant, sans qu'on pût espérer de le voir finir, & que la conquête étoit continuellement exposée aux mêmes infortunes, il les prioit de vouloir lui dire unanimement, s'ils jugeoient à propos de se retirer avec les Californiens qui voudroient les suivre sur la côte de la Nouvelle-Espagne, & y attendre une conjoncture plus favorable pour retourner à la conquête & à la réduction de la Californie, sous la protection toute-puissante de Sa Majesté. Le père Piccolo, comme fondateur de la mission, ne voulant point que sa voix gênât celle des autres, parla d'une manière entièrement indifférente sur l'alternative qu'on proposoit. Mais le père Ugarte s'opposa à ce qu'on quittât le pays, disant que si quelqu'un vouloit s'en aller, on lui donneroit un certificat pour qu'il pût toucher sa paye, & que quant au reste il s'obligeoit à faire subsister les Indiens, jusqu'à ce qu'on eût reçu des provisions du continent ; & que pour ce qui étoit de lui, il se contentoit des Pitahayas, des fruits & des racines que mangeoient ses bons amis les Californiens. Il fut appuyé des

pères Bassaldua & Piccolo, ce qui
fit un plaisir infini au père Salva-
Tierra. Le Capitaine & les autres
qu'on avoit fait venir de la garnison, allarmés de la proposition
qu'on leur faisoit, s'avancèrent jusqu'à dire qu'ils protesteroient solemnellement contre les Pères, si jamais on abandonnoit le pays. Néanmoins, on fit savoir à nos gens qu'on
leur laissoit la liberté de s'embarquer
sur les deux vaisseaux qui alloient
dans le continent de la Nouvelle-Espagne, & qu'on leur donneroit des
billets pour le payement de leurs arrérages. Ils répondirent à cela, qu'ils
aimoient mieux mourir avec les Pères
que de les abandonner. Cependant
le tems se mit au beau, & la barque
sur laquelle étoit le père Piccolo arriva à Guaymas, & le vaisseau à la
rivière d'Hiaqui, avec des lettres pour
les Missionnaires. Le père Jean Ugarte,
tantôt seul, & tantôt accompagné
des soldats & des prosélytes Indiens,
courut les bois & les montagnes, pour
y cueillir des fruits & des racines, qu'il
faisoit apporter à la garnison de

Lorette. Les Indiens de Saint-Xavier & de Saint-Jean de Londo firent la même chose, pour prouver leur fidelité, & la résolution où ils étoient de les défendre, & de les venger de ceux qui avoient voulu les assassiner. C'est ainsi que tous supportoient avec une patience héroïque l'extrêmité à laquelle ils étoient réduits. Le père Salva-Tierra, qui ne perdoit point son projet de vue, fut reconnoître le canton de Ligui ou Malabat, qui est au midi de Lorette, dans le dessein, comme on l'a dit, d'y fonder une autre mission, celle qu'il avoit dessein d'établir au nord sur la rivière Mulége étant impraticable à cause de la difficulté des chemins. Il se transporta le 12 de Juillet sur le lieu avec le père Pierre Ugarte, un soldat & deux Indiens qui lui servoient d'interprêtes, la lague du pays étant un peu différente de celle de Lorette. Comme ils approchoient de la Communauté, plusieurs Indiens qui étoient en embuscade en sortirent tout-à-coup, & firent pleuvoir sur eux une grêle de flèches, sur quoi le soldat François

Xavier Valenzuela, prit son sabre d'une main, & tira un coup de mousquet en l'air de l'autre, seulement pour les effrayer, en quoi il réussit en effet; car les Indiens n'eurent pas plutôt entendu le coup, qu'ils mirent ventre à terre, s'assirent ensuite, & attendirent paisiblement leurs nouveaux hôtes. Le Père leur fit dire par ses interprètes de ne rien craindre, qu'il ne venoit point dans l'intention de leur faire du mal, mais de les régaler & de lier amitié avec eux. Ce discours les ayant rassurés, ils s'approchèrent plus près, & le Père, qui en connoissoit quelques uns, les embrassa, fit des présens à tous, & leur dit que pour preuve qu'il vouloit vivre en paix avec eux, il leur amenoit le père Ugarte, qui venoit d'arriver dans le pays, lequel les traiteroit comme ses propres enfans, & leur enseigneroit la voie qui conduit au Ciel. Là-dessus ils lui témoignèrent toute sorte d'amitié & de franchise; & pour lui prouver leur bonne volonté, ils lui amenèrent leurs femmes & leurs enfans. Ils reconnurent le pays, & trouvèrent qu'il étoit très-propre pour y fonder une mission. Mais comme les circonstances dans lesquelles ils se trouvoient ne leur permettoient point d'y bâtir une chapelle, ni aucun autre édifice, ni de cultiver la terre, le seul fruit qu'ils retirèrent de leur voyage, fut que le père Ugarte prit possession de la mission par le batême de quarante-huit enfans, que les mères lui présentèrent sans la moindre difficulté, ensuite de quoi ils retournèrent à Lorette au grand regret des Indiens, auxquels ils promirent de revenir dans peu avec le père Ugarte.

Le vaisseau & la barque retournèrent à la fin du mois d'Août avec des provisions de la rivière d'Hiaqui & de Saint-Joseph de Guaymas, ce qui causa une joie inexprimable à la garnison. Cette même année, le père Salva-Tierra fut nommé Visiteur des missions de Cinaloa & de Sonora à la place du père Pineyro. Il différa cependant sa visite, tant pour ne point abandonner sa chère Californie dans les circonstances fâcheuses où elle se trouvoit, qu'à cause de l'avis qu'il reçut

reçut, qu'on l'attendoit à l'assemblée que le Roi avoit ordonné de tenir à Mexico, où il ne jugea pas à propos de se rendre pour le motif qu'on vient de dire. On lui écrivit sur ces entrefaites qu'on l'attendoit à Mexico pour délibérer sur les affaires qui concernoient la Californie, & qu'on ne feroit rien qu'il ne fût arrivé. Comme on avoit reçu des provisions, & qu'on en attendoit encore des missions de Cinaloa & de Sonora, jugeant que sa présence n'étoit plus nécessaire, il résolut de s'embarquer pour la Nouvelle-Espagne : il fut cependant obligé de remettre son voyage jusqu'à la fin de Septembre, tant pour célébrer la dédicace de la nouvelle Eglise de Lorette, le jour de la Nativité de Notre-Dame, & batiser plusieurs adultes, que pour donner les ordres nécessaires concernant les missions, & particulièrement le commandement de la garnison. Il survint dans ce tems-là quelques mécontentemens parmi les soldats, qui obligèrent Etienne Lorenzo Portugais, à se démettre de sa commission, quoiqu'il fût très-content de son poste, malgré les prières que les Pères lui firent de le garder. L'Enseigne Isidore Grumeque se démit aussi du sien, & s'offrit d'accompagner le Père à Mexico, ce qu'il fit. En conséquence, le Père nomma pour Capitaine - Lieutenant un Sicilien, nommé Nicolas Marques, & pour Capitaine Jean - Baptiste Escalante, Enseigne de la garnison de Nacosari dans la province de Sonora, lequel s'étoit distingué dans la guerre contre les Apaches: mais il conféra le commandement en chef de la garnison & de la mission au père Jean Ugarte, l'instruisant de la manière dont il devoit se conduire dans toutes les occasions. Après avoir ainsi reglé toutes choses, il partit le premier d'Octobre de Matanchel pour Guadalaxara, où il s'arrêta jusqu'au 26 du même mois, pour conférer avec les membres de cette Audience, & particulièrement avec le nouvel Auditeur Miranda. Sur ces entrefaites, le père Manuel Pineyro, Visiteur, mourut à Mexico le 21 du même mois, & lorsqu'on vint à ouvrir la seconde lettre qu'on avoit reçue de Rome, on trouva que le père Jean-Marie de Salva-Tierra étoit nommé Provincial. Il arriva à Mexico au commencement de Novembre, sans s'attendre à cette nouvelle. Il voulut se dispenser d'accepter ce poste, alléguant les difficultés qui y étoient attachées. Il n'étoit occupé que de sa mission de la Californie, & représenta avec beaucoup d'humilité au Consistoire de la province, les raisons qui l'empêchoient de l'accepter. Mais les Pères ne voulurent point recevoir ses excuses, persuadés qu'il étoit de l'intérêt de sa chère mission & de toutes les autres, qu'il fût Provincial, & qu'il en fît les fonctions; sur quoi il se chargea du gouvernement spirituel de la province, demandant en même tems au père Général Thyrso Gonzales, la permission de se démettre de son emploi, pour qu'il pût avoir le plaisir de finir ses jours parmi ses Californiens. Il obtint du Viceroi, avec beaucoup de réputation pour lui, la réforme, & la continuation de la paye, pour ses deux camarades, le Capitaine & l'Enseigne de la garnison, & commença de vaquer aux autres affaires de sa mission.

SECTION VIII.

Le père Salva-Tierra continue de rendre plusieurs services aux missions de la Californie : grâces que Sa Majesté lui accorde : obstacles qu'il rencontre à Mexico : ses visites en qualité de Provincial.

LE nouveau Provincial s'étant rendu chez le Viceroi, l'instruisit de l'état actuel des missions de la Californie, & le pria de vouloir exécuter les ordres qu'il avoit reçus de Sa Majesté & du Conseil des Indes. Ce fut pour se conformer à ces ordres que l'on tint le 6 de Juin la junte ou assemblée générale, mais sans y appeller les Pères, quoiqu'ils dussent être naturellement plus instruits que les autres de l'état du pays. Le Trésorier ayant fait son rapport sur le payement immédiat des sommes assignées pour les missions, les vaisseaux & la garnison, on résolut unanimement de s'y conformer : mais quant à l'article pour l'établissement d'une nouvelle garnison sur la côte de la mer du sud, & le nombre des soldats, on remit à en délibérer jusqu'à ce qu'on eût ouï les Pères & les autres personnes qui connoissoient le pays. Cependant, on ne fit aucun payement actuel, pas même des premières 6000 piastres. On se contenta seulement de faire savoir à Sa Majesté par une lettre du 27 de Septembre de la même année 1704, que par un acte du Conseil, on avoit différé l'exécution de son ordre du 28 de Décembre 1703, jusqu'à ce qu'on eût conféré avec le père Salva-Tierra, qu'on avoit mandé pour cet effet de la Californie.

Le Viceroi donna une longue audience au nouveau Provincial, & ne fut pas moins charmé de son zèle apostolique, de son humilité, de sa douceur, & de sa grandeur d'ame, que de ses autres talens. Il convint avec lui de la nécessité qu'il y avoit d'exécuter les ordres du Roi, & de satisfaire à sa requête. Il eut pareillement une conférence avec les Ministres de l'Audience royale, & tous furent pareillement convaincus de ses raisons : on ne pouvoit choisir un tems plus propre pour tenir une assemblée. Le fondateur de la mission, le Capitaine & l'Enseigne de la garnison, & quantité d'autres qui avoient fait le voyage des Philippines, se trouvoient actuellement à Mexico ; cependant on n'en tint aucune, & on n'espéroit pas même qu'il y en eût. Le père Salva-Tierra rebuté des obstacles qu'il rencontroit de tous côtés, partit pour aller visiter le collége, & ne retourna à Mexico qu'à la fin du carême 1705. Ayant appris qu'il devoit y avoir une assemblée, il dressa un Mémoire au sujet de l'ordre du Roi, pour le lui présenter. Le Père le signa le 25 de Mai, & je vais le rapporter ici, pour qu'on voye la manière dont il pensoit sur ces matières, de même que la simplicité chrétienne & la franchise avec lesquelles il s'énonce.

MONSEIGNEUR,

« Je, Jean - Marie de Salva-Tierra
» de la Compagnie de Jesus, ayant

» été mandé par Votre Excellence,
» en exécution de l'ordre de Sa Majef-
» té, en date du 28 d'Octobre 1703,
» lequel porte, que Votre Excellence
» ouïra le rapport des Pères : pour
» obéir audit ordre & à celui de Votre
» Exellence, je me suis rendu dans un
» peu plus d'un mois de la Califor-
» nie en cette ville. On m'a signifié
» à mon arrivée la mort du père Ma-
» nuel Pineyro, & que par elle je de-
» venois Provincial de cette province
» de la Nouvelle-Espagne, & pareil-
» lement Missionnaire de la Califor-
» nie. Pour obéir à l'ordre de Sa
» Majesté, je prends la liberté de re-
» présenter à Votre Excellence l'im-
» possibilié où nous sommes de sub-
» sister dans la Californie avec un
» seul vaisseau, en ayant toujours eu
» trois depuis sept ans & demi. Il est
» cependant arrivé, soit par les ac-
» cidens de la mer, par ceux qui
» leur sont arrivés sur la côte, & quel-
» quefois par le naufrage qu'ils ont
» fait, soit par le tems qu'il a fallu
» pour les radouber, faute d'agrès,
» de provisions, de contributions &
d'Officiers,

» d'Officiers, soit enfin par l'éloigne-
» ment des ports & des criques où
» ce radoub devoit se faire, que nous
» nous sommes souvent trouvés dans
» de très grandes détresses : car l'en-
» treprise est si nouvelle & si récente,
» qu'on n'a pu découvrir jusqu'ici des
» moyens plus prompts & plus con-
» venables.

» Et il n'en eût pas été autrement,
» eussions-nous eu autant d'argent que
» l'Amiral Don Isidore Otondo, qui
» disposoit à son gré du tréfor royal;
» car de trois gros vaisseaux que l'on
» construisit pour l'expédition de la
» Californie, la Belandre n'y arriva
» jamais, de sorte qu'il n'en résulta
» qu'une dépense inutile pour Sa Ma-
» jesté, sans compter la perte des
» munitions & des vivres, & la dé-
» pense des ouvriers, des soldats, &
» des matelots. Les deux vaisseaux ap-
» pelés la Capitane & l'Amiral, ne
» furent pas d'un grand service, &
» l'on fut obligé d'abandonner l'éta-
» blissement qu'on avoit fait au port
» de la Paz, qui est le centre des lits
» des perles, faute de provisions, l'A-

Tome II. I

» miral n'étant point arrivé à tems.
» Un second exemple de la mauvaise
» conduite que l'on tint dans ce tems-
» là, fut l'imprudence que l'on eut
» de provoquer la Nation des Guay-
» curas qui étoit dans le voisinage,
» en massacrant les Indiens qui étoient
» assis autour d'une grande chaudiere
» de maïz cuit, que l'Amiral leur avoit
» offert lui-même. Il fit un autre éta-
» blissement 70 lieues plus haut, &
» resta dix mois sans voir arriver un
» seul vaisseau.

» Secondement, je représente à Vo-
» tre Excellence la stérilité du pays.
» Car depuis le tems de Ferdinand
» Cortez, sans parler de quantité
» d'autres qui y ont débarqué pendant
» l'espace de 180 ans, il a été impos-
» sible de le peupler, preuve certaine,
» qu'ils ont trouvé de grandes difficul-
» tés à le faire, & si la Vierge de Lo-
» rette n'eût pris soin elle-même d'en
» faire la conquête & de le peupler,
» nous n'aurions jamais fait ce que
» nous venons de faire, ou du moins
» nous n'eussions jamais pu y subsister.
» Je n'étois point novice lorsque je

» formai ce projet ; j'avois vieilli dans
» les travaux de la Nouvelle-Biscaye,
» & j'eus le bonheur, par la bonne
» conduite que tinrent les Espagnols,
» tant soldats, qu'habitans, & par les
» amitiés que je fis aux Indiens, de
» prévenir les révoltes de ces peuples.

» Les connoissances & l'expérience
» que j'ai acquises, me mettent à même
» de représenter à Votre Excellence
» le danger imminent où nous sommes
» de perdre ce pays, si dans ces foi-
» bles commencemens, on ôte aux
» Pères le pouvoir de nommer & de
» renvoyer le Commandant de ce
» petit corps de troupes. Car je sçai
» par ma propre expérience que sans
» ce pouvoir, je n'aurois pu faire un
» seul pas dans la Californie, & que
» j'aurois resté plus longtems dans le
» premier endroit où nous débar-
» quâmes. A quoi j'ajouterai, que sans
» la crainte qu'avoient les Comman-
» dans d'être déplacés, les Pères n'au-
» roient pu faire les découvertes qu'ils
» ont faites, ni reconnoître le pays
» aussi parfaitement qu'ils l'ont fait. »

» J'ajouterai que les perles sont une

» amorce si flatteuse, que si les Pères
» n'avoient interposé leur autorité
» pour arrêter les violences, quelques
» esprits hardis auroient sous différens
» prétextes, comme on ne l'a que
» trop souvent pratiqué jadis, forcé
» les Indiens, tant Gentils que Chré-
» tiens, à en pêcher, pour avoir oc-
» casion de les rançonner. Les suites
» nécessaires de ces violences, eussent
» été la révolte des peuples & la perte
» du pays, & l'on auroit eu d'autant
» plus de peine à le reconquérir, qu'il
» est extrémement scabreux, & qu'on
» ne peut faire aucun usage de la ca-
» valerie. Les soldats Espagnols y ont
» encore trouvé cet avantage, qu'ils
» vivent, comme ils l'avouent eux-
» mêmes, paisiblement sous la protec-
» tion des Pères, ou du Supérieur,
» & que ceux-ci ayant le pouvoir de
» déposer le Capitaine, ils ne sont
» point exposés aux vexations de leurs
» Officiers, qui ne sont que trop fré-
» quentes dans ce pays. Par exemple,
» un Indien pêchera une belle perle,
» & la vendra à un soldat de sa con-
» noissance, plutôt qu'au Capitaine;

» celui-ci regardera toujours de mau-
» vais œil & le soldat & l'Indien. Le
» soldat Espagnol refuse-t-il de la lui
» vendre au même prix, il s'emporte
» & en vient à des extrêmités, comme
» cela est souvent arrivé du tems d'O-
» tondo, lequel courut risque d'être
» massacré par ses soldats & ses ma-
» telots.

» J'ajouterai encore qu'ôter ce pou-
» voir aux Pères, ce seroit vouloir
» affoiblir la charité des sujets de Sa
» Majesté, dont les contributions aug-
» mentent ou diminuent à proportion
» du plus ou du moins de confiance
» qu'ils ont en ceux qui sont chargés
» de les employer. On tariroit encore
» par-là les secours personnels qu'on
» tire des Espagnols & des Indiens de
» la Nouvelle-Biscaye, lesquels au
» premier avis des Pères, quittent
» leur pays & s'embarquent pour ve-
» nir nous trouver, témoin les Espa-
» gnols de Cinaloa qui nous secou-
» rurent il y a trois ans, & les guer-
» riers de la fidelle nation Hiaquis,
» qui s'embarquèrent avec leurs ar-
» mes sur un vaisseau, & vinrent des-

» cendre chez la garnison de Lorette.
» La perte de ce pouvoir décourage-
» roit d'autant plus les Indiens & les
» Espagnols, qu'ils ne pourroient plus
» compter sur la protection, ni sur
» l'amour paternel des Missionnaires,
» ce qui seroit le plus grand malheur
» qui pût arriver à cette conquête,
» car tout le monde sçait que Don
» Isidore de Otondo, Amiral de la
» Californie, Commandant de la gar-
» nison de Cinaloa, & Gouverneur
» de cette province, malgré toute son
» autorité, & les ordres réiterés du
» Viceroi, ne put trouver un seul
» Indien à Cinaloa ni à Sonora, qui
» voulût servir volontairement, &
» que le petit nombre de ceux qu'il
» engagea à cause de leurs crimes,
» continuèrent d'agir conformément
» à leur caractère, & firent soulever
» le pays du moment qu'ils y entrè-
» rent. J'ose assurer à Votre Excellence
» que tous ces motifs ne tendent qu'à
» la conservation de cette contrée,
» & à l'établissement du Christianisme
» qu'on veut y introduire.

» Je crois devoir aussi représenter à

» Votre Excellence que les sommes
» qu'on a dépensées dans cette entre-
» prise jusqu'au tems où nous sommes,
» se montent à douze cent & vingt-
» cinq mille piastres, indépendamment
» des cinquante-huit mille qu'il en a
» coûté pour fonder six missions, &
» que le trésor, pendant un si grand
» nombre d'années, n'en a payé que
» dix huit mille, si bien que les Pères
» ont été obligés de trouver le reste,
» ce qui leur a coûté bien de peines
» & de travaux, en quoi ils ont rendu
» un très-grand service à Sa Majesté,
» outre qu'ils ont ménagé son trésor.
» Ce fut en considération de ce ser-
» vice que je lui demandai un parti
» de vingt-cinq soldats & un Capitaine,
» purement pour le bien du pays, de-
» mande que je crois fort inférieure
» à la générosité de notre Monarque.

» Je passe sous silence la résolution
» que prit le Conseil royal en 1685,
» d'abandonner la Californie, après
» bien de dépenses inutiles : le Con-
» seil manda le Père Provincial de la
» Société, & en son absence le vice-
» Provincial père Daniel Angelo Mar-

» ras, lui proposa & le pressa même
» d'engager la Société à se charger de
» l'expédition de la Californie, moyen-
» nant la somme de 40000 piastres
» qu'on lui feroit payer annuellement
» sur le trésor royal; sur quoi ledit
» père Daniel Angelo Marras, ayant
» assemblé le Chapitre de la province,
» il rejetta d'une commune voix la
» proposition. Il est vrai que le père
» Provincial Barrabé de Soto, au re-
» tour de sa visite, commença de s'ap-
» percevoir qu'en refusant cette offre
» on n'avoit point consulté l'intérêt
» des pauvres Californiens, & que
» c'étoit le seul expédient qui restoit
» pour introduire le Christianisme
» dans cette contrée. Le Conseil royal
» étoit même si persuadé que le seul
» moyen de convertir & de réduire
» les Californiens étoit de confier
» cette affaire aux Révérends Pères,
» qu'il rejetta sans aucune délibéra-
» tion la proposition que lui fit immé-
» diatement après le capitaine Fran-
» çois de Lucenilla, d'entreprendre
» la même chose pour une somme
» beaucoup moindre que celle qu'on
» avoit offerte aux Pères.

» Comme donc la Société ne s'est
» point épargnée, mais que confor-
» mément à l'exhortation du très-Ré-
» vérend père Général Thyrso Gon-
» zales, elle a visité dans la personne
» de ses enfans toutes les maisons des
» personnes bien intentionnées, les
» Officiers & les Tribunaux, pour
» les prier de les aider à soumettre ce
» royaume à notre sainte foi, il me
» paroît qu'on doit continuer d'enlaisser
» le soin à notre Société, & que pen-
» dant qu'on travaille à en faire le
» rapport à Sa Majesté, Votre Excel-
» lence doit ordonner & recomman-
» der aux Pères de se charger du gou-
» vernement spirituel & temporel de
» cette contrée, ce qu'ils sont d'au-
» tant plus en état de faire, que Sa
» Majesté vient de leur accorder un
» secours de 13000 piastres, secours
» qui sera extrêmement avantageux
» aux Pères, & qui seroit onéreux à
» quelque particulier que ce fût, car
» je sçai par plusieurs années d'expé-
» rience, qu'il est impossible avec cette
» somme de remplir les conditions de
» la cédule.

» Que si quelqu'un s'obligeoit de
» les remplir & de conquérir le pays
» avec 13000 piastres, ou il seroit un
» ignorant, ou un mal honnête hom-
» me, il n'auroit que son intérêt en
» vue. Cela occasionneroit une infi-
» nité de disputes avec les Pères, les-
» quels ne souffriront jamais qu'on
» opprime les soldats & les matelots,
» & particulièrement les Indiens, soit
» chrétiens ou infidèles, qui ne man-
» queroient pas de se révolter : car
» quand même on enverroit à la
» Cour des lettres & des mémoires,
» avant que la réponse fût venue, le
» feu de la rebellion se répandroit
» partout, ces peuples sauvages ne
» connoissant d'autre justice que les
» armes. Le Commandant seroit obligé
» pendant plusieurs années de faire
» venir les provisions de dehors, &
» comme elles se gâtent souvent, sur-
» tout la viande, la dépense monte-
» roit trois fois plus haut qu'on ne se
» l'imagine ; d'où je conclus qu'il est
» impossible à quelque particulier que
» ce soit de se maintenir dans le pays,
» sans surcharger le trésor royal.

„ Il s'enſuit de ce que je viens de dire
„ qu'aucun Eſpagnol ne ſçauroit s'é-
„ tablir dans ce pays, ſa ſtérilité étant
„ telle, qu'il fournit à peine de quoi
„ ſubſiſter à deux Miſſionnaires. D'ail-
„ leurs on ne trouve plus d'Eſpagnols
„ qui veuillent ſe tranſplanter dans une
„ contrée étrangère, quelques bons
„ qu'en ſoient le ſol & le climat, à
„ moins que le gouvernement ne les
„ y engage, par des récompenſes,
„ ou ne les y envoye pour les punir
„ des délits qu'ils ont commis ; &
„ dans ce cas là même, ils ſe com-
„ portent ſi mal, que les habitans ſont
„ tous les jours aux priſes avec les
„ ſoldats, d'où s'enſuivent des guerres
„ civiles, comme il arriva il y a quel-
„ ques années à Mexico entre les
„ ſoldats & les matelots.

„ Il me reſte à répondre à la pro-
„ poſition qu'on a faite d'établir une
„ garniſon ſur la côte occidentale,
„ le long de laquelle naviguent les
„ vaiſſeaux des Philippines. Cet ar-
„ ticle eſt l'effet du zèle & de la com-
„ paſſion de Sa Majeſté Catholique
„ pour une infinité de ſes ſujets qui

» meurent du scorbut, n'y ayant point
» dans l'espace de plusieurs milliers
» de lieues un seul endroit où ils puis-
» sent débarquer pour y prendre des
» rafraichissemens, ce qui seroit cepen-
» dant le moyen de leur sauver la vie.
» Je réponds à cela que je mourrai
» aujourd'hui content, voyant que
» les vues de Sa Majesté s'accordent
» avec les souhaits que je fais depuis
» plusieurs années, ne pouvant voir
» sans la plus vive douleur la quantité
» de gens qui meurent de cette ma-
» ladie, n'ayant eu d'autre vue dans
» toutes les entreprises que j'ai faites.
» Afin donc de ne point occasionner
» de nouvelles dépenses au trésor,
» comme il arriveroit, si l'on aug-
» mentoit les pensions des Pères qui
» ont converti les infidèles presque
» jusqu'à la côte occidentale, on peut
» satisfaire aisément aux desirs de Sa
» Majesté, & s'épargner les frais d'une
» nouvelle garnison, se contenter de
» payer aux Pères le subside de 13000
» piastres, persuadé que cette somme,
» jointe aux pieuses libéralités des fi-
» dèles, suffira pour rendre leurs en-

» treprises fructueuses. Les 6000 piaf-
» tres ne suffisent pas pour payer le
» tiers de la dépense, & l'on ne sçau-
» roit s'imaginer les peines & les soins
» qu'il m'en coûte pour trouver le
» surplus.

» Indépendamment des 13000 piaf-
» tres, nous fumes obligés d'avoir pen-
» dant un an ou deux une barque
» bien ravitaillée, & montée d'un
» nombre de matelots suffisant, pour
» reconnoître & lever les côtes occi-
» dentales, les ports, les baies & les
» criques qui s'y trouvent. Je courus
» avec cette barque depuis le 24e de-
» gré jusqu'au 27e, après quoi je me
» rendis sur la côte occidentale, &
» débarquai au degré qu'on m'avoit
» fixé. Celle qui croisoit sur la côte
» occidentale, fut joindre le vaisseau
» qui venoit de la Chine, & lui donner
» avis des Corsaires qui croisoient sur
» les côtes de la Nouvelle-Espagne.

» L'état actuel de la Californie est,
» que Sa Majesté possede cinquante
» lieues de pays le long de la côte,
» depuis la baie de la Conception juf-
» qu'à Aqua-Verde, c'est-à-dire l'eau

HISTOIRE

» verte. C'est un lac qui est à cin-
» quante lieues dans le pays, ou au-
» delà des montagnes qui séparent
» les deux mers, ce qui fait plus de
» 100 lieues de circuit. Il règne
» une si grande tranquillité dans le
» pays, que les Pères voyagent sans
» soldats, les naturels se conformant
» en tout à leur volonté, & obéissant
» aux ordres du Capitaine des troupes;
» étant prêts, avec douze cens autres,
» tant chrétiens que catéchumènes &
» gentils, à prendre les armes pour
» nous défendre.

» Outre le pays conquis, on vient
» d'en découvrir d'autres, ayant été
» trois fois sur le rivage de la côte
» occidentale opposée, & cotoyé pen-
» dant deux jours celle où se rend le
» vaisseau des Philippines. Et quoique
» les Indiens qui l'habitent, par un ef-
» fet de leur crainte naturelle, s'en-
» fuyent lorsqu'ils voyoient les sol-
» dats, ils sont maintenant civilisés
» au point qu'ils sont venus rendre vi-
» site au père Jean Ugarte dans cette
» chaîne de montagnes qui s'étendent
» d'une mer à l'autre. La Californie

» est le refuge des Espagnols que la
» tempête chasse de la mer du sud ;
» & il y a deux ans que 70 person-
» nes, dont le vaisseau avoit fait nau-
» frage, y trouvèrent leur sureté. On
» espère de trouver des mines fort ri-
» ches dans les cantons qu'on a dé-
» couverts & conquis. Telles sont les
» choses que j'ai cru devoir représen-
» ter à Votre Excellence pour obéir
» à l'ordre de Sa Majesté, en foi de
» quoi j'ai signé le présent Mémoire
» à Mexico, le 25 de Mai 1705,
» Jean-Marie de Salva-Tierra. »

Le même jour, savoir, le 25 de Mai, le Viceroi ordonna de remettre ce Mémoire au Trésorier, pour qu'il en fît son rapport à l'Assemblée générale. On ne pouvoit choisir un tems plus favorable pour la convoquer, le père Salva-Tierra se trouvant pour lors à Mexico ; cependant elle n'eut point lieu. Ce digne Missionnaire se voyant ainsi deçu de ses espérances, partit vers la mi-Juin en qualité de Provincial, pour aller visiter les missions de la Californie, emportant avec lui le plus de provisions qu'il put. Il mena avec lui le Portugais Don Eftevan Lorenzo, lequel fut obligé pour la feconde fois d'accepter le pofte de Capitaine de la garnifon. Il vifita chemin faifant tous les colléges qui étoient fur fa route, il refta à Guadalaxara jufqu'au mois d'Août, pour conférer avec les membres de l'Audience fur les moyens d'encourager fa miffion, recommandant la vifite des autres colléges au père Jofeph Vellido, qui faifoit la fonction de fecrétaire. A peine le Père eut-il quitté Mexico, qu'on tint une affemblée le 27 de Juin. On y lut le Mémoire qu'il avoit fait, & il fut réfolu, que faute de perfonnes expérimentées, on ne changeroit rien dans cette affaire, & qu'on s'en tiendroit à ce que la junte tenue le 6 de Juin de l'année précédente avoit décidé, & c'étoit de faire favoir à Sa Majefté ce qu'on avoit fait, & d'attendre de nouveaux ordres. Ce ne fut que huit mois après, favoir, le 23 de Mars 1706, qu'on écrivit à Sa Majefté pour l'inftruire de la réfolution qu'on avoit prife.

Je ne doute point que les perfonnes fenfées

sensées ne soient surprises de cette conduite, car après des ordres aussi formels de la part de Sa Majesté, on ne sçauroit s'imaginer que cette opiniâtreté contre les malheureux Californiens, fût l'effet du desir qu'on avoit de faire des remises en Espagne. On auroit tort de croire aussi que le gouvernement ajoutât foi aux bruits que l'on faisoit courir touchant les richesses & l'avarice insatiable des Jésuites, de même que sur le profit immense qu'ils tiroient de la pêche des perles, vu qu'il étoit au fait de ce commerce. Il faut donc chercher quelque autre cause de ce mal, & la voici. Le père Salva-Tierra, comme Recteur de la Californie, non-seulement demandoit que l'on payât à ses missions les appointemens qui leur étoient dus ; mais en qualité de Provincial, il agissoit encore pour le payement des pensions assignées aux missions des Jésuites dans la Nouvelle-Espagne. Il leur étoit dû plusieurs années d'arrérages, aussi les Missionnaires qui les desservoient, de même que leurs églises & les Indiens qui leur appartenoient, se trouvoient

K

dans un état déplorable. La province avoit demandé une somme considérable, mais cependant très-modique, en égard à ses besoins. De plus, comme les fonds des missions & des colléges étoient extrêmement surchargés, on ne pouvoit faire venir d'Europe les sujets, les livres, les ornemens pour les églises, les hardes & les autres choses nécessaires pour l'entretien de ceux qui y étoient attachés. Mais le Provincial ne fut pas plus heureux à cet égard, qu'il l'avoit été dans ses demandes pour ses chers Californiens. Il revint plusieurs fois à la charge, toujours avec l'humilité qui convenoit, mais il ne réussit pas mieux. Voyant enfin qu'il ne pouvoit rien obtenir, & que les missions de la Compagnie tomboient en ruine, sur l'avis des Jésuites les plus sages & les plus intelligens, il remit entre les mains du Viceroi un acte par lequel la Compagnie abandonnoit toutes les missions, pour que Son Excellence comme Vice-patron, pût nommer les pasteurs nécessaires pour les desservir. Il fut extrêmement piqué de cette démarche, dont la Compagnie auroit été bien aife de fe difpenfer. Il ordonna qu'on lui payât les appointemens de l'année, remettant les arrérages à un autre tems, mais il conferva fon premier reffentiment, & ne perdit aucune occafion d'en faire éprouver les effets aux miffions de la Californie.

Pendant que ces chofes fe paffoient à Mexico, les rapports de la premiière Affemblée du 1 de Juin 1704, arrivèrent à Madrid, & fur l'avis & la délibération du Confeil des Indes, le Roi envoya un nouvel ordre daté du 15 d'Août 1705, par lequel Sa Majefté approuvoit la réfolution que l'Affemblée avoit prife, de ne point établir de garnifon fur la côte du fud, qu'elle ne fçût le fentiment du père Salva-Tierra. A l'égard des 13000 piaftres qu'elle avoit affignées pour la conquête & la réduction, elle ordonnoit de nouveau qu'on la payât fans délai, & qu'on l'informât de ce qu'on auroit fait. Cet ordre fut lu en préfence du Viceroi le 20 de Juin 1706, & le Fifcal, à qui on l'avoit renvoyé, dit, que le père Salva-Tierra ayant donné son rapport par écrit, il falloit l'envoyer à Sa Majesté, en lui donnant avis qu'on avoit payé les 13000 piastres, vu qu'on ne pouvoit éviter de le faire, après l'ordre qu'on avoit reçu. On présenta au Conseil royal l'ordre & le rapport du Trésorier, le 24 de Septembre de la même année, lequel après avoir longtems insisté sur l'épuisement des finances, en présence du Viceroi, ordonna qu'on enverroit au Roi le Mémoire du père Salva-Tierra, parce qu'il contenoit plusieurs articles sur lesquels il convenoit de savoir la volonté de Sa Majesté, s'en rapportant pour le reste à la résolution que l'Assemblée du 27 de Juin 1704 avoit prise, de ne point agir qu'on n'eût reçu de nouveaux ordres. Le Mémoire du père Salva-Tierra avoit été présenté à la Cour dans le mois de Mai de cette année, & on l'y envoya pour la seconde fois avec les remarques que le Viceroi avoit faites sur certains articles. Ces démarches furent si secrettes, que les Pères n'en eurent aucune connoissance, ce qui les empêcha d'agir en faveur de leurs missions. Ces mémoires arrivèrent en Espagne avec l'avis que quantité de corsaires infestoient la mer du sud par la facilité qu'ils avoient de se réfugier dans la Californie. De ce nombre étoit Woods Rogers, comme on peut le voir dans son voyage qu'il commença l'an 1708, dans le tems qu'on déliberoit à Madrid sur l'affaire en question. Ces dépêches ayant été lues au Conseil des Indes, Sa Majesté sur son avis, expédia une autre cédule datée de Buen-Retiro, le 26 de Juillet 1708, laquelle contenoit trois parties : la première n'étoit qu'une récapitulation de celle des années précédentes ; la seconde contenoit des observations sur les articles du Mémoire du père Salva-Tierra, & les remarques du Viceroi ; la troisième ordonnoit de nouveau le payement immédiat des 13000 piastres, & en outre que l'on fît assembler les Ministres, les Officiers militaires & les personnes qui connoissoient les côtes & les contrées de la Californie, comme on l'avoit cidevant ordonné, & enjoignoit au Vi-

ceroi de fixer sur la côte de la mer du sud un endroit où l'on pût établir une garnison, l'autorisant à prendre sur le trésor les sommes nécessaires pour ce service, avec ordre d'instruire Sa Majesté de ce qu'on auroit fait. Cette cédule arriva à Mexico l'an 1709, & le Trésorier à qui on l'avoit envoyée fut d'avis qu'on devoit en remplir tous les articles, à quoi le Viceroi consentit, & expédia l'ordre suivant. « Ouï
» le rapport du Trésorier, j'ordonne
» que pour hâter l'exécution de l'or-
» dre de Sa Majesté, concernant le
» payement & l'assistance des garni-
» sons de la Californie, on délibere
» sur la nouvelle cédule qu'on a reçue,
» & que l'on présente les papiers au
» Conseil, à qui il appartient de dé-
» cider de ce qui concerne les affaires
» publiques, & de faire exécuter les
» ordres de Sa Majesté. C'est pour se
» conformer à ces ordres que le Tré-
» sorier a demandé que le Secrétaire
» s'informe & prenne une note de tous
» les militaires de cette ville qui con-
» noissent ces pays & ces mers, pour
» qu'en conformité des ordres de Sa

» Majesté on puisse commencer cette
» expédition sans délai. »

Ce décret suspendit l'exécution de la cédule, quant au payement immédiat des 13000 piastres, pour lequel on s'en remettoit à la délibération de l'assemblée générale du Conseil royal, quoique l'ordre de Sa Majesté exclût toute délibération quelconque. Cependant le Viceroi continua d'exercer sa charge sans penser aucunement à la Californie jusqu'à la fin de 1710, qu'il fut remplacé par le Duc de Linares, Don Fernando de Lancaster Neronna y Sylva, lequel fit son entrée à Mexico le 1 de Janvier 1711.

Ce digne Seigneur étoit fils de Don Augustin de Lancaster, Duc d'Abraïtes, Marquis de Porto Seguro & Val de Fuentes, & Comte de Mejorado, & de Donna Juana de Neronna y Sylva, Duchesse de Linares, si bien que sa maison étoit alliée aux Couronnes de Castille, de Portugal & d'Angleterre. Il joignoit à ses qualités personnelles une expérience consommée des affaires, ayant été Vicaire d'Italie, Viceroi de Sardaigne & Lieu-

tenant-Général des Armées d'Espagne. Il avoit hérité de ses ancêtres beaucoup d'affection pour les Jésuites, & de-là vint que durant tout le cours de son gouvernement, il protégea les missions de la Californie, leur avança de grandes sommes, & leur procura tous les secours qu'il put, employant son crédit en leur faveur auprès des plus riches habitans de Mexico. A l'expiration du terme de sa Viceroyauté, dans laquelle il fut remplacé par son cousin Don Gaspar de Zuniga, Marquis de Valero, étant sur le point de retourner en Espagne, il légua par son testament, scellé à Mexico, le 26 de Mars 1717, le tiers de son bien, pour l'usage des missions de la Californie, dans la 17ᵉ clause, laquelle est conçue en ces termes. « Je veux
» que sur le bien que je laisse, on
» donne aux missions de la Californie
» cinq mille pistoles, lesquelles seront
» à la disposition des Pères qui se
» trouveront dans les missions, au cas
» que je meure dans ce royaume, &
» si je meurs en Europe, on payera
» ladite somme à l'Agent général de
la

» la vénérable Société des Jésuites,
» pour la faire passer dans ces pro-
» vinces. »

Comme il étoit sur le point de se rendre à la Vera-Cruz pour s'y embarquer, il tomba dangereusement malade, sur quoi il r'ouvrit son testament le 28 de Mai de la même année, & le ferma de nouveau. Il fit quelques changemens dans les deux Codiciles, mais il ne toucha point au legs qu'il avoit fait aux Missions de la Californie, & mourut dans ces heureux sentimens le 3 de Juin de la même année, entre les bras du père François de Solchaga, Jésuite & Professeur de Théologie dans cette Capitale. Cependant malgré la bonne volonté de ce gentilhomme, il ne put jamais rendre aucun service aux missions en qualité de Viceroi, par le soin qu'on eut de lui cacher les premières cedules royales, outre que de son tems on ne reçut aucun ordre de la Cour relativement à la Californie. Les Pères eux-mêmes, ignorant les derniers ordres qui étoient venus, ne demandèrent aucune grâce, & n'en reçurent aucune depuis l'année 1705. Le payement ordinaire des missions étoit extrêmement retardé, de sorte qu'ils se bornèrent à pousser la conquête à leurs propres dépens, mais elle ne pouvoit aller fort vîte sur le pied où les choses étoient. La même chose arriva dans les provinces de Sonora & de Pimeria au père Kino, lequel eut le chagrin de voir périr la moisson faute de provisions & d'ouvriers. Cela fit un tort considérable à la Californie, non seulement à cause des secours qu'elle auroit pu tirer de Pimeria, si on l'eût réduite & cultivée, & de sa côte que l'on avoit reconnue & levée jusqu'au Rio-Colorado, mais encore parce qu'on ne put exécuter le projet qu'on avoit formé de pousser la conquête des deux côtés du golfe jusqu'à ladite rivière, où après avoir joint les missions, on eut poussé jusqu'à la côte de Puerto de Monte-Rey, laquelle est très-fertile, à quoi eussent beaucoup contribué les secours qu'elles auroient pu se procurer réciproquement par terre. Les pères Salva-Tierra & Kino auroient sûrement exécuté cette entreprise importante, si on les eût aidé conformément aux ordres de Sa Majesté ; mais tout étoit contre eux. Je suis entré dans le détail des obstacles qu'ils rencontrèrent, pour qu'on puisse juger si ceux qui imputent le peu de progrès qu'ont fait les missions à la Compagnie, ont la moindre ombre de raison de leur côté. J'ai aussi réuni les évènemens de différentes années, pour ne point interrompre trop souvent le fil de ma narration. Je retourne maintenant au père Salva-Tierra, que nous avons laissé au mois d'Août 1705, dans sa visite du collége de Guadalaxara. Le Père Provincial eut bientôt fini sa visite, de même que ses conférences avec les membres de l'Audience & les autres bienfaiteurs des missions de la Californie, & après en avoir obtenu autant de secours qu'il put, il vint à Matanchel, s'y embarqua, & vint mouiller le 30 d'Août dans la baie de Saint-Denys, à la vue de sa chère mission de Notre-Dame de Lorette de Californie. Son arrivée causa une joie inexprimable aux Pères,

L ij

aux Soldats, & même aux Indiens qui le regardoient comme leur père commun. Il trouva sa mission dans une situation assez triste, nonobstant les secours que le père Piccolo avoit eu soin d'y envoyer de Sonora. Le Provincial l'avoit nommé Visiteur des missions de cette province, car outre que cet emploi demandoit une personne aussi active & aussi zèlée que lui, il étoit plus en état qu'un autre, par le crédit & les connoissances qu'il y avoit, de tirer de ces missions, quoique pauvres en elles-mêmes, les vivres dont on ne pouvoit absolument se passer dans la Californie. Le père Piccolo se conduisit avec tant d'activité, qu'on peut dire qu'il sauva la mission cette année par son zèle & sa charité, aussi le Père Provincial eut-il soin de l'en remercier dans la lettre qu'il lui écrivit le 30 d'Août pour lui donner avis de son arrivée. « Dieu » veuille, mon Révérend Père, vous » récompenser des secours que vous » ayez envoyé à nos Pères, sans vous » je les aurois trouvé morts de faim » en arrivant ici. » Ces bons Religieux eurent aussi beaucoup à souffrir de la cruauté & des hauteurs du capitaine Escalante, lequel n'avoit pas moins de peine à se voir subordonné aux Pères, que les troupes en avoient de lui être soumises. Il se comporta si mal, que le père Ugarte fut obligé d'en donner avis au père Salva-Tierra, qui étoit pour lors à Mexico, pour qu'il y mît ordre. Ce fut ce qui obligea ce dernier à mener avec lui le Portugais Don Eestvan Rodriguez Lorenzo, qu'il nomma Capitaine, & il en agit avec tant de douceur avec Escalante, que loin de lui en savoir mauvais gré, il resta quelque tems dans la Californie sur le pied de simple soldat, après quoi il fut nommé Capitaine-Lieutenant de la garnison de Nacosari, d'où on l'avoit fait venir.

Le Provincial séjourna deux mois dans la Californie, se conduisant avec les troupes de la garnison & les Indiens, de même que s'il n'eût été que simple Missionnaire. Il apprit qu'aussitôt après son départ les Pères s'étoient séparés ; que le père Bassaldua s'étoit rendu à Saint-Jean de

Londo, le père Jean Ugarte à Saint-Xavier, & le père Pierre Ugarte à Lorette, dans le deſſein de ſe perfectionner dans la langue, & de commander la garniſon. Le père Jean Ugarte avoit défriché cette année à Saint-Xavier pluſieurs pièces de terre pour les enſemencer, inſtruiſant ſes Indiens dans l'agriculture, & les encourageant par ſon exemple. Il avoit fait auſſi pluſieurs voyages, & engagé diverſes communautés à vivre enſemble dans des villages. Le père Baſſaldua avoit fait la même choſe à Saint-Jean de Londo, & avoit conſidérablement augmenté la ville, en y attirant des Indiens, & allant chercher les autres comme des bêtes ſauvages parmi les précipices & les montagnes, ſi bien que dans ces deux miſſions, & dans les villes qui en dépendoient, on catéchiſoit de même qu'à Lorette les enfans & les adultes, on diſtribuoit le pozoli, & l'on faiſoit toutes les autres choſes qui concernent la miſſion. le Père Provincial viſita toutes ces miſſions, parcourut les villages qu'on avoit commencé de bâtir, de même que les communautés, s'étudiant à gagner les cœurs des Indiens par ses instructions & ses manières affables. Il leur recommanda fortement la fondation des deux missions de Ligui ou Malabat, & de la riviére Mulége, & donna les ordres nécessaires pour qu'elle s'effectuât promptement. Comme il n'y avoit que trois Missionnaires, il falloit nécessairement qu'un d'entr'eux se chargeât de la garnison de Lorette, & des missions de Saint-Xavier & de Londo, pendant que les autres fonderoient les deux missions. Un homme seul n'étoit pas en état de le faire ; & en effet, comment pouvoir veiller seul aux affaires de la garnison, à ses magasins, à ses provisions, au payement des matelots & des soldats, sur les malades & les Indiens, & se charger en outre de faire tenir aux Pères & aux soldats absens les vivres & les autres secours dont ils avoient besoin ; mais Dieu y remédia. Le père Provincial avoit amené avec lui de Mexico le Frère Jayme Bravo, homme actif, pieux & intelligent, qui avoit été ci-devant attaché au Vi-

L iv

siteur Pineyro. Ce Frère ayant sçu qu'il alloit dans la Californie, le pria de permettre qu'il l'accompagnât dans ce voyage long & difficile. Son dessein étoit d'y rester avec la permission du Provincial, pour aider les Pères dans les choses relatives à la mission. La conjoncture favorisa son desir, car indépendamment de ses instances réitérées, le père Provincial comprit que les Missionnaires avoient besoin d'un homme qui les soulageât dans les affaires temporelles, pour pouvoir vaquer plus aisément aux fonctions de leur ministère. Il recommanda ce Frère zèlé à ses collégues, lequel pendant l'espace de quatorze ans servit la mission en qualité de Coadjuteur temporel, au bout desquels on le promut à la prêtrise, pour qu'il pût continuer de la servir comme Missionnaire. Le Provincial acheva sa visite sans laisser aucun ordre par écrit, soit par humilité, soit parce qu'il ne le crût pas nécessaire. Il se contenta de faire tirer des copies des Instituts que le père Hernando Cavero, Visiteur, avoit dressés pour les autres missions, leur recommandant d'observer les articles qu'ils jugeroient pouvoir convenir à la Californie. Il prit ensuite congé des Pères, des Soldats & des Indiens, avec toute la tendresse d'un père, & s'embarqua pour la Nouvelle-Espagne, pour y exercer sa charge de Provincial, & attendant qu'il plût au Général de lui envoyer sa démission.

SECTION IX.

Fondation des deux Missions de Saint-Jean-Baptiste Ligui, & de Sainte-Rosalie Mulége ; progrès des autres, & voyages entrepris pour reconnoître la côte de la mer du Sud.

LE Provincial avoit recommandé trois choses aux Missionnaires de Californie, de fonder sans délai les deux missions au midi & au nord de Lorette, de parcourir le pays pour savoir où il convenoit de les fonder, leur promettant, lorsqu'ils auroient trouvé l'endroit, d'y envoyer des Missionnaires ; & enfin de reconnoître de nouveau la côte opposée de la mer du sud, & voir si l'on ne trouveroit pas quelque port convenable pour les vaisseaux des Philippines, ainsi qu'on le desiroit depuis longtems. Le Père ne fut pas plutôt parti, qu'on songea tout de bon à fonder les deux missions. Le même jour, qui étoit le dernier de Novembre 1705, les deux Pères partirent sous les auspices de la Patronne de la mission, & prirent différentes routes, le père Pierre de Ugarte pour la côte de Ligui, 24 lieues au midi de Lorette, & le père Jean-Manuel de Bassaldua, pour la riviere de Mulége, qui est à 40 lieues au nord, & le père Jean Ugarte resta pour prendre soin des trois premières missions & de leurs villages. Le père Pierre n'eut pas beaucoup de peine à se rendre sur la côte, parce que les chemins sont fort beaux de ce côté-là. Les Monquis appellent ce canton Ligui, & les Laymones, Malibat. Le Père lui donna le nom de Saint-Jean-Baptiste, en l'honneur de Don Jean-Baptiste Lopez, habitant de Mexico, lequel offrit de donner à cette mission un capital de 10000 piastres, qu'il garderoit entre ses mains, en en payant l'intérêt au Conseil. Ce fond manqua dans la suite à cause des malheurs que ce généreux bienfaiteur éprouva dans son commerce, mais le Père ne l'abandonna point qu'il n'eût converti tous les Indiens des environs, mis leurs communautés & leurs villages sous la direction & la visite des autres missions. Le père Pierre Ugarte eut tout lieu de se louer de la douceur & de l'affabilité de ses Indiens, mais il n'eut pendant quelque tems d'autre couvert que l'ombre des *mesquites*, & ensuite une hutte faite de branches d'arbres, en attendant qu'on eût achevé de bâtir la chapelle & son logement. Il s'efforça par des petits présens & des caresses de captiver leur affection, bien moins dans la vue de les engager à l'aider dans la construction de ces bâtimens, que de leur faire goûter le Catéchisme, qu'il leur expliquoit le mieux qu'il pouvoit par l'entremise de quelques Indiens de Lorette, en attendant qu'il se fût perfectionné dans leur langue. Mais ces caresses furent perdues avec les adultes, dont la paresse étoit telle, qu'ils ne voulurent jamais l'aider en quoi que ce fût, quoiqu'ils fussent les premiers à vouloir partager le pozoli & les autres provisions qu'il avoit apportées. Il fut donc obligé d'avoir recours aux enfans, lesquels alléchés par les présens & les friandises qu'il leur donnoit, l'accompagnoient partout où il vouloit. Mais il fallut employer bien des stratagêmes pour les habituer au travail; quelquefois il gageoit avec eux à qui arracheroit plutôt les mesquites & les autres petits arbres; quelquefois il proposoit une récompense à ceux qui porteroient le plus de terre; en un mot, il suffit de dire que pour façonner les briques, il devenoit enfant avec eux, les défiant à qui paitriroit mieux la terre glaise, & la fouleroit d'avantage en piétinant dessus. Le Père quittoit ses sandales, & commençoit à fouler l'argile, & les enfans se mettoient aussitôt de la partie, chantant, dansant & sautant tous ensemble, & il chantoit avec eux, & cet exercice duroit jusqu'à l'heure du repas; il se mit par-là en état d'élever son petit logement & sa chapelle, à la dédicace de laquelle les autres Pères assistèrent. Il employa plusieurs autres expédiens pour apprendre leur langue: le premier fut d'enseigner aux enfans plusieurs mots Espagnols, pour qu'ils puſſent inſenſiblement lui apprendre ceux qui avoient cours dans le pays : après qu'avec le ſecours de ces maîtres, des interprêtes de Lorette, de ſes propres obſervations & de ſes entretiens avec les adultes, il eut acquis une connoiſſance ſuffiſante de leur langue, il commença à inſtruire ces pauvres Gentils, leur faiſant mille careſſes pour les engager à aſſiſter au catéchiſme, ſe ſervant même des enfans pour leur faire recevoir ſes inſtructions. C'eſt ainſi qu'à l'aide de la patience, des peines & des ſoins qu'il ſe donna, il vint à bout d'humaniſer ces ſauvages qui vivoient ſur le lieu, ceux des communautés voiſines, & quantité d'autres qu'il fut chercher lui-même dans les bois, les montagnes & les tanières, & d'adminiſtrer le batême à un grand nombre d'adultes. Le père Pierre ſe félicitoit du fruit de ſes travaux, lorſqu'un léger accident, indépendamment de quelques autres que je paſſe ſous ſilence, penſa ruiner entièrement ſa miſſion. On avoit envoyé chercher le Père pour aſſiſter une femme chrétienne qui étoit malade. Il trouva chez elle un forcier qu'il ne connoissoit point, lequel souffloit sur elle selon la coutume du pays. Il le fit retirer, tança ses prosélytes & ses catéchumènes de l'avoir souffert, confessa la malade, lui administra l'extrême Onction, & ne la quitta point qu'elle ne fût morte. Peu de jours après, quelques Indiens vinrent lui annoncer avec beaucoup de joie, qu'ils avoient cherché le forcier, & l'avoient tué : il les blâma hautement de ce qu'ils venoient de faire, & les renvoya d'un air courroucé, jugeant qu'il convenoit d'en agir ainsi, pour prévenir les troubles que ce meurtre pouvoit occasionner. Les Indiens en furent extrêmement irrités, & eurent cependant assez d'adresse pour cacher leur ressentiment, si bien qu'il eût ignoré la résolution sanguinaire qu'ils avoient prise, si l'enfant qui le servoit ne l'eût prié de lui permettre d'aller coucher avec ses amis : le Père le lui refusa, mais voyant qu'il le pressoit, il lui demanda la raison pourquoi il vouloit s'en aller ? C'est, lui dit l'enfant, que les Indiens ont résolu de vous tuer cette nuit, & m'ont menacé de me tuer aussi si je restois avec vous. Là-dessus il envoya chercher quelques-uns des chefs, & leur dit d'un ton résolu : Je sçai que vous avez formé le dessein de me tuer cette nuit, mais souvenez-vous, ajouta-t-il, en leur montrant un vieux mousquet tout rouillé, que je vous exterminerai tous tant que vous êtes avec ce mousquet ; & en achevant ces mots, il se retira. Les Indiens furent tellement effrayés de sa menace, qu'après avoir consulté avec leurs camarades, ils résolurent d'abandonner leurs logemens cette nuit là ; par où l'on peut juger de leur poltronnerie, & de la crainte qu'ils ont des armes à feu. Il fut obligé le lendemain matin de les aller chercher, & encore ne seroient-ils point retournés, sans les assurances qu'il leur donna qu'il les aimoit comme ses propres enfans, & que loin de vouloir leur nuire, il n'avoit d'autre dessein que de leur faire du bien. Ils eurent d'autant moins de peine à le croire, qu'ils s'apperçurent qu'il ne les craignoit point, si bien qu'ils s'en retournèrent dans leurs huttes fort satisfaits de ce que le Missionnaire les avoit épargnés. Je me suis un peu étendu sur cette avanture, pour éviter d'en rapporter quantité d'autres qui arrivent tous les jours dans les nouvelles missions. Ni la patience, ni la politesse, ni la prudence, ni la générosité ne peuvent mettre la vie d'un Missionnaire en sûreté parmi ces sauvages, & il doit se resoudre à la perdre lorsqu'il se charge de cet emploi, y étant tous les jours exposé par la stupidité & la légereté des Indiens. Le père Pierre Ugarte resta dans sa mission jusqu'en 1709, que sa santé se trouvant affoiblie par les fatigues qu'il avoit souffertes, on fut obligé de l'envoyer à Mexico, tant pour la rétablir, que pour négocier les affaires de la mission, & le père François Paralto fut prendre sa place à Ligui. Il ne fut pas plutôt rétabli, qu'il retourna dans la Californie reprendre les travaux de sa mission, jusqu'à ce qu'étant tombé malade une seconde fois, on le transporta aux missions de la rivière d'Hiaqui, qu'il préféroit à telle autre que ce fût, & où il rendit de très-grands services à la Californie, par le soin qu'il eut d'y faire passer des provisions.

Le père Jean-Manuel de Bassaldua qui étoit parti le même jour de l'année 1705 de Lorette, pour se rendre dans le nord, eut toutes les peines du monde d'arriver à la baie de la Conception : elle n'est pas fort éloignée de la rivière Mulége, mais le pays est si montagneux & si couvert, que ceux qui avoient voulu y aller avant lui, échouèrent deux fois dans cette entreprise. Le père Bassaldua vint cependant à bout de surmonter ces difficultés, en se frayant des routes dans les bois, en culbutant des rochers, en comblant des fondrières, en pratiquant des chemins pour les bêtes de charge, au moyen de quoi, il arriva heureusement sur les bords de la rivière Mulége, où il fixa sa mission dans l'endroit le plus convenable, avec les mêmes peines & les mêmes dangers que le père Pierre de Ugarte à Ligui, sans compter la fatigue de faire 40 lieues de cet endroit à la garnison de Lorette, dans un pays où les chemins n'étoient point frayés. Il consacra sa mission à Sainte Rosalie, pour se conformer au desir de Don Nicolas de Artéaga, & de Dona Josepha Vallego son épouse, habitans de Mexico, qui lui firent un fond de 12000 piastres. Le Père bâtit son logement & son église avec des briques crues près de la riviere, à trois quarts de lieue de la mer. On trouve entre cet endroit & la *Sierra* ou chaîne de montagnes, une plaine de sept lieues, toute couverte de mesquites, qui, quoique abondante en pâturages pour les bêtes à cornes, les moutons & les pourceaux, n'a été défrichée que depuis trois ans, encore a-t-il fallu y faire venir l'eau par le moyen d'une écluse, sans quoi il auroit été impossible de la cultiver, à cause de la rareté & de l'incertitude des pluies. Les Indiens des environs sont très-vifs & très-affables, & en outre, moins légers & moins inconstans que les autres. Le Père y resta quatre ans, les instruisant avec un soin infatiguable, & les rassemblant de tous côtés, jusqu'à ce qu'étant tombé malade, il fut obligé de passer de l'autre côté, où on lui donna la mission de Saint-Joseph de Guaymas, laquelle appartient au gouvernement de Californie, pour qu'il pût y faire passer les secours dont il avoit besoin. C'est ce qu'il eut soin de faire pendant son séjour à Raum & à la rivière d'Hiaqui, où on l'envoya depuis. Il fut remplacé à Sainte-Rosalie Mulége par le père François-Marie Piccolo, lequel après avoir visité les missions de Sonora, se retira dans la Californie & la gouverna pendant plusieurs années d'une manière apostolique, jusqu'à la mort du vénérable père Salva-Tierra, qu'il passa à Lorette. Il étendit la conquête spirituelle plusieurs lieues au nord, il fit plusieurs voyages dans le pays, s'affectionnant les peuples, leur prêchant l'Evangile, & découvrant plusieurs cantons, où l'on fonda depuis de nouvelles missions, entr'autres celles de Guadalupe, de l'Immaculée-Conception & de Saint-Ignace. Il résigna enfin sa mission en 1718 au père Sébastien de

Siftiaga, lequel la gouverna plusieurs années avec le même zèle que ses prédecesseurs. Il défricha plusieurs terreins, & fit venir l'eau par le moyen d'une écluse que l'on pratiqua dans la rivière. Les Pères ont si bien réussi dans leurs instructions, qu'on y trouve quantité d'adultes en état d'être admis à la sainte Table, non seulement à Pâques, mais encore dans plusieurs autres tems de l'année ; en outre, un grand nombre d'Indiens ont appris à parler passablement l'Espagnol, de sorte qu'ils ont non seulement servi d'interprêtes, lorsqu'on a eu à faire à d'autres nations, mais encore à assister & à enseigner les nouveaux ministres. Quelques-uns même ont travaillé conjointement avec les Pères avec une fidélité extraordinaire, & se sont distingués par leur dévotion, leur fidelité & leurs travaux. Je mets de ce nombre Bernard Dababa, & André Comanay, dont on trouve l'éloge dans les relations & les lettres de plusieurs Missionnaires qu'ils ont accompagnés, & auxquels ils ont été d'un grand secours dans leurs travaux apostoliques, de même que dans leurs entreprises.

Comme il n'y avoit que trois prêtres dans la Californie, l'un chargé de trois missions, & les autres deux, d'en fonder de nouvelles, il étoit très-difficile d'exécuter l'ordre qu'avoit donné le Provincial, de découvrir dans l'intérieur du pays des endroits où l'on pût en établir. Mais le frère Jayme Bravo se chargea de cette commission, & partit pour cet effet de Lorette au commencement de l'année suivante 1706, avec une quantité suffisante de provisions, sous l'escorte du Capitaine Portugais, de sept soldats & de quelques Indiens. Il se rendit d'abord à Saint-Jean Baptiste Ligui, où le père Pierre de Ugarte étoit à régler sa mission, & de-là sur la côte qu'ils parcoururent pendant un jour & demi. Le frère Jayme & le Capitaine marchoient à la tête de la troupe, mais ils furent bientôt obligés de rebrousser chemin, un Indien étant venu leur dire que les quatre autres soldats se mouroient : voici qu'elle en fut la cause. Un des soldats apperçut un feu que quelques pêcheurs Indiens avoient allumé pour faire griller leur poisson, parmi lequel il y en avoit quelques-uns appellés *Botates* dont le foie est un poison très-actif, aussi les Indiens l'avoit-il laissé dans des coquilles. Le soldat les voyant, cria à ses camarades, fricassée, fricassée ! ils s'arrêtèrent, mais comme ils alloient en manger, un Indien leur cria de ne point le faire, parce qu'il leur causeroit la mort. Là-dessus le soldat qui les avoit apperçu le premier, repondit : Point de bruit Indien, les Espagnols sont immortels, & en donna aussitôt à ses trois autres camarades : il y en eut un qui en mangea, un autre qui le mâcha sans l'avaler, & un troisième qui plus circonspect, se contenta de le toucher & de le regarder. Ils ne tardèrent point à tomber dans des convulsions plus ou moins violentes : le premier mourut au bout de demie heure, & fut bientôt suvi par le second, le troisième resta sans sentiment jusqu'au lendemain, & tant lui que le quatrième furent très-mal pendant plusieurs jours; il est naturel de croire que le frère Jayme & les autres furent vivement touchés de ce malheur ; ils furent obligés d'abandonner leur entreprise, & de retourner à Ligui avec les morts, qu'ils ensevelirent dans le cimetière de la chapelle, & envoyèrent les malades à Lorette.

Sur ces entrefaites, le père Jean Ugarte entreprit un voyage pour découvrir & reconnoître la côte de la mer du sud, conformément au troisième ordre que le pere Salva-Tierra avoit donné ; de sorte qu'après avoir fait plusieurs visites à Lorette & à Saint-Jean de Londo, son premier soin fut d'étendre sa mission de Saint-Xavier. Ce n'est pas sans raison que le père Salva-Tierra donnoit au père Ugarte le titre d'apôtre ; car tout sublime qu'il est, il le méritoit par ses travaux : actif & infatiguable, présent par tout, & voulant tout faire par lui-même, il n'y eut rien qu'il n'entreprît & qu'il n'achevât : mais son activité ne parut jamais mieux que dans ces commencemens, où les difficultés paroissoient insurmontables : tantôt il préchoit, aidoit, exhortoit & assistoit les soldats : tantôt il cherchoit

choit de nouveaux terreins pour les défricher & y bâtir des villages : tantôt il batisoit les enfans, tantôt il instruisoit les adultes ; tantôt il administroit les sacremens aux malades, & rendoit les derniers devoirs aux mourans. Quelquefois il travailloit aux bâtimens, d'autre fois à la terre, creusant des tranchées, plantant des arbres, ensemençant les champs ; quelquefois il réparoit les chemins, ou travailloit à radouber les barques ; en un mot, il étoit sans cesse occupé, & le premier à se charger de ce qu'il y avoit de plus pénible. Comme il recueilloit alors les fruits temporels de son industrie & de son travail, il lui fut plus aisé d'engager ses Indiens à assister à la messe, à la prière, au catéchisme, au rosaire, aux instructions & aux sermons, de manière qu'il établit certaines peines pour ceux qui manquoient aux exercices, par exemple la diminution de leur pitance, & même un nombre de coups de fouet, selon la nature de l'offense ; les enfans étoient les principaux objets de ses soins. La maison du Père étoit un séminaire où ils logeoient ; c'étoit-là qu'il leur enseignoit avec une patience admirable les sciences dont on fait le plus de cas, même chez les Espagnols ; au point que plusieurs d'entr'eux devinrent non-seulement capables d'instruire les communautés, mais même de leur servir d'exemple en fait de bonnes mœurs. Il fit bâtir pour les filles, surtout pour celles qui étoient orphelines, une maison à part, où des maîtresses leur montroient les petits ouvrages convenables à leur sexe, le Père se réservant le soin de les instruire de ce qui concerne la Religion.

Il fit aussi bâtir un hôpital, où le Père signala sa charité, par le soin qu'il prit des malades jusqu'à leur mort, qui dans plusieurs fut accompagnée de grandes marques de salut. Il y en eut un entr'autres dont le père Echeverria, Visiteur de la Californie, qui se trouvoit pour lors à Saint-Xavier, fut extrêmement édifié. Après avoir fait sa confession générale au père Ugarte en langue indienne, il entra avec le Père Visiteur dans plufieurs détails particuliers de fa confession en Espagnol, & le pria, dans l'impoffibilité où il étoit d'aller à l'église, de vouloir bien réciter le rosaire avec lui : il demanda pardon à ſes camarades des mauvais exemples qu'il leur avoit donnés, & déclara qu'il ſouhaitoit de mourir, crainte de retomber dans ſes premiers vices : il exhorta ſes parens à vivre pieuſement, & à obéir aux Pères, & après avoir fait à Dieu pluſieurs actes d'amour & de confiance, il rendit ſon ame entre ſes mains. Il y eut auſſi un ſorcier ou un impoſteur qui ſe convertit à la foi, touché de l'amour que le Père témoignoit à ſon enfant, qu'il deſiroit avec ardeur de pouvoir batiſer, mais qui ne vouloit point s'aſſujettir à apprendre le catéchiſme. Il le fit enfin, & après avoir été inſtruit, il découvrit au Père, malgré ſa répugnance naturelle, les preſtiges dont lui & ſes confrères ſe ſervoient pour tromper la nation. Il fut batiſé ſous le nom de Dominique, & la joie qu'il eut d'être chrétien fut telle, qu'il ne ſortit plus de ſa maiſon que pour aller à l'égliſe.

priant jour & nuit pendant le peu de semaines qu'il survécut à sa conversion à la foi. Le Père, pour guérir les sauvages des cérémonies superticieuses avec lesquelles ils enterroient leurs morts, le fit ensevelir avec beaucoup de solemnité. Un autre fameux sorcier qui cherchoit depuis longtems à faire révolter les gentils & les catéchumènes contre les Pères, vint trouver le père Ugarte à Lorette, & le pria en fondant en larmes, de vouloir bien le batiser. Les pleurs qu'il répandoit, joints à la promesse de se corriger, & à l'offre qu'il fit de rester à Lorette, engagèrent le Père à se charger de son instruction, & il le batisa le 7 de Décembre 1705, jour de la fête de saint Ambroise, dont il lui donna le nom. Le lendemain le Père se rendit à la ville de Saint-Xavier, pour y célébrer la fête de la Conception. Il retourna le 9 à Lorette, où il apprit que le nouveau chrétien avoit passé la plus grande partie de son tems à l'église. Etant tombé malade le même jour, le Père ne le quitta plus ; & il mourut d'une manière qui ne permit point de douter qu'il ne fût appellé par cet Etre, qui tient dans ses mains la destinée de tous les hommes.

Au milieu de ces occupations, le père Jean Ugarte fit ses derniers préparatifs pour aller reconnoître la côte de la mer du sud. Il avoit demandé au Chef de la nation Hiaqui quarante soldats pour l'accompagner dans ce voyage, & non seulement il les lui accorda, mais il les accompagna encore lui-même. Le Capitaine de la garnison de Lorette le suivit aussi avec douze soldats & quelques Indiens. Les provisions & les bêtes de charge étant prêtes, le père Ugarte & le frère Bravo, partirent de Lorette le 26 de Novembre 1706 ; sous l'escorte de ces différens corps, divisés en trois compagnies. Ils vinrent d'abord à la mission de Saint-Xavier, de-là à Sainte-Rosalie, & ensuite à un ruisseau, auquel ils donnèrent le nom de Saint-André, parcequ'ils y célébrèrent la messe le jour de la fête de cet Apôtre. Ils rencontrèrent sur leur route plusieurs Indiens, dont ils eurent tout lieu de se louer. Il n'en fut pas de même lorsqu'ils approchèrent de la mer, & ils furent obligés de marcher avec circonspection, & de se tenir sur leur garde, à cause d'un corps de plus de deux cens Indiens de la nation de Gaycura, qui haïssent mortellement les Espagnols. Ils firent plusieurs lieues au midi pour reconnoître la côte, mais ils ne trouvèrent que quelques criques & quelques communautés d'Indiens qui subsistoient de leur pêche, il n'y avoit d'autre eau sur la côte que celle que les Indiens avoient eu soin d'amasser dans des espèces de petits puits. Ils retournèrent du côté du nord; & malheureusement pour eux ils ne rencontrèrent pas mieux, de sorte qu'ils furent quelque tems dans une grande disette d'eau. Ils firent halte près du lit d'une petite rivière où il n'y avoit de l'eau qu'en tems de pluie, laquelle sert comme d'une espèce d'égout pour la conduire à la mer, & dont les bords étoient couverts de saules & de joncs, par où ils jugèrent que le terrein étoit fort humide. Ils envoyèrent quelques Indiens à la découverte de la côte, avec ordre de ne pas s'éloigner de plus de dix à douze lieues. En attendant leur retour, ils remontèrent & descendirent le long du lit de la rivière, dans l'espoir de trouver de l'eau, mais leurs peines n'aboutirent à rien. Là-dessus ils se partagèrent en plusieurs petits corps, pour découvrir quelque endroit où il y eût de l'eau, & où ils pussent passer la nuit; mais pendant tout le mois de Décembre ils ne purent en trouver une goute, ni pour les hommes ni pour les bêtes. Harassés de fatigue, & presque morts de soif, ils trouvèrent un couvert pour cette nuit là, & allumèrent du feu pour se garantir du froid; ils lâchèrent aussi les bêtes, dans l'espoir qu'elles pourroient trouver de l'eau; mais malgré tous ces expédiens, ils passèrent la nuit dans l'état le plus pitoyable du monde. Le lendemain matin, le Père célébra la messe de la Conception de Notre-Dame, priant Dieu par l'intercession de son Immaculée Mère, de ne point permettre qu'ils périssent dans un jour qui lui étoit consacré. Tous joignirent leurs prières à celles du Père, dans le tems même que le Père Pierre disoit une messe à Lorette pour l'heureux succès de cette découverte. La messe dite, on chanta les litanies de la Vierge, & elles n'étoient pas encore finies, qu'un Indien Hiaqui s'écria dans sa langue, eau, eau! s'étant rendus sur le lieu, ils trouvèrent que c'étoit le même où plusieurs d'entr'eux avoit passé le soir & la nuit, sans avoir apperçu une goutte d'eau, le lieu étoit d'ailleurs si sec, qu'il n'y avoit pas apparence qu'il y en eût. Ils en trouvèrent cependant assez pour satisfaire leur besoin & celui des bêtes de charge, & pour en remplir plusieurs vaisseaux pour leur retour, qui fut résolu dès le même jour, après avoir remercié solemnellement la Sainte Vierge. Leurs gens revinrent sur ces entrefaites, & leur dirent que conformément aux ordres qu'ils avoient reçus, ils avoient reconnu la côte jusqu'à une grande baie, mais qu'ils n'avoient pu trouver de l'eau. C'est ainsi qu'après une expédition aussi fatiguante qu'infructueuse, ils retournèrent à Lorette, où l'on célébra une seconde messe en l'honneur de la Patrone de la mission, pour la remercier de ce qu'elle les avoit empêché de périr sur ces côtes stériles & arides.

SECTION X.

Le père Salva-Tierra retourne dans la Californie & y continue ses travaux. Fondation de la Mission de Saint-Joseph de Comonda, par le père Mayorga. La Mission se trouve dans la dernière extrémité par la perte de ses barques, & le naufrage des pères Guillem & Guisci, dont le second se noye.

PENDANT que les Missionnaires de la Californie s'occupoient ainsi à exécuter les ordres du père Salva-Tierra, sa démission de la charge de Provincial, qu'il attendoit depuis si long-tems, arriva enfin de Rome, sur quoi le père Général Michel-Ange Tamburim, conféra la patente de Provincial au père Bernard Rolandegui, Agent de la province à Madrid & à Rome, lequel étant retourné à Mexico, prit possession de sa charge le 17 de Septembre 1706. Le père Salva-Tierra retourna au collége de Saint-

Grégoire, afin de pouvoir conjointement avec le père Alexandre Romano, Agent de la Californie, solliciter le payement des troupes, & ramasser les provisions nécessaires pour les garnisons & les missions. Le père Julien de Mayorga qui venoit d'être nommé Missionnaire, étant arrivé d'Espagne avec le père Rolandegui, fut d'avis de prendre les devans avec son confrère, & de se rendre à Matanthel, où l'on devoit envoyer la barque : mais au lieu de s'embarquer, il fit plus de 400 lieues par terre, à travers les provinces de Cinaloa & de Sonora jusqu'au port d'Ahome, pour se rendre aux desirs des bienfaiteurs de sa mission, & pour ramasser les collectes & des secours dont elle avoit besoin. Le Père, dans le dernier voyage qu'il fit de la Californie au Méxique, avoit mené avec lui cinq Indiens de différentes communautés, dont il en avoit laissé trois pour leur donner le tems de se perfectionner, & afin qu'après avoir vu les beautés du Christianisme dans les églises de la Nouvelle-Espagne, ils pussent en rendre compte à leurs compatriotes. Ces cinq Californiens furent parfaitement bien reçus des Jésuites partout où ils passèrent, les regardant comme les prémices qu'ils avoient consacrées à Dieu dans cette mission laborieuse.

Mais l'air mal sain du pays, joint au changement de climat & de nourriture, fut cause qu'ils tombèrent tous les cinq malades dans ce long voyage, de sorte qu'ils eurent beaucoup à souffrir, tant à cause du long séjour qu'ils furent obligés de faire, que de plusieurs autres inconvéniens qui leur arrivèrent. Ils arrièrent enfin à Ahome, où ils s'embarquèrent le 30 de Janvier 1703 pour Lorette. A peine furent-ils partis, qu'un d'entr'eux appellé Don Jego Joseph, fut de nouveau attaqué d'une maladie mortelle, mais telle étoit sa résignation, qu'il pria le Tout-Puissant de le retirer de ce monde avant qu'il arrivât dans la Californie, en cas qu'il n'eût plus besoin de ses services. Le Père l'assista dans ses derniers momens, qu'il employa à des actes de religion, exprimés avec tant de force & d'énergie, que les chrétiens lui envioient sa félicité. La mort de cet excellent personnage, fut suivie d'une furieuse tempête, dont le père Salva-Tierra donne la description suivante.

« La nuit du 31 de Janvier fut ex-
» trêmement obscure, & l'orage si
» violent, que nous fûmes obligés de
» nous amarrer au mât, pour n'être
» point emportés par les vagues qui
» passoient sur nous, au milieu des
» rochers & des îles dont nous étions
» environnés. Les matelots avoient été
» un jour & demi sans prendre aucune
» nourriture, & étoient tellement épui-
» sés de faim & de lassitude, que dans
» l'abattement où ils se trouvoient,
» ils abandonnèrent la manœuvre, at-
» tendant la mort à chaque instant.
» Le moindre malheur qui pût nous
» arriver, étoit d'être jettés dans la
» mer de Galice ou d'Acapulco; *tris-*
» *tissima noctis Imago !* Les Califor-
» niens se refugièrent auprès de moi
» comme des poussins, & j'avois une
» entière confiance en eux, les regar-
» dant comme les enfans nouveaux
» nés de la Sainte Vierge, pour le ser-

» vice de laquelle, ils avoient couru
» ce risque ; *Nequando dicant gentes.*
» Enfin conclud le Père, quoique
» j'eusse fait quantité de voyages, je
» puis dire que je ne connus jamais
» mieux que dans cette occasion les
» dangers & les malheurs auxquels
» l'homme est exposé. » La tempête
les jetta à Saint-Joseph, à dix lieues
de Lorette, où ils plantèrent une
croix, après quoi la mer s'étant un
peu calmée, ils arrivèrent au port desiré le 3 de Janvier, où ils furent reçus avec une joie universelle. Quant
aux Californiens, ils ne purent ouïr
sans étonnement les merveilles que
leur quatre compatriotes leur racontèrent de la Nouvelle-Espagne. Peu
de mois après, le père Julien de
Mayorga arriva de Matanchel avec le
Capitaine de Lorette, Rodriguez,
lequel avoit été épouser une femme
de distinction de cette province, &
le père Ignace Alvarando, qui venoit
d'être nommé aux missions de Sonora.
Le père Julien ne fut pas plutôt arrivé, qu'il fut attaqué d'une maladie
causée par la fatigue du voyage, l'air

de la mer & le changement de climat, à quoi l'on peut joindre les viandes salées & le maïz auquel il n'étoit point accoutumé, n'y ayant point d'autre nourriture dans la garnison. Sa maladie augmentant tous les jours par la nécessité indispensable où il etoit d'assister aux offices, le père Jean Marie voulut l'envoyer sur la côte de la Nouvelle-Espagne, ce que le père Mayorga ayant appris, il se jetta à ses genoux, & le conjura de permettre qu'il mourût dans la Californie, où Dieu, par le choix de ses Supérieurs, l'avoit envoyé. Il plut cependant à la divine Providence de lui rendre la santé, & il s'enducit si bien au travail & à la fatigue, qu'il gouverna cette mission avec un zèle infatiguable pendant l'espace de trente ans. Au commencement de l'année 1708, les pères Salva-Tierra & Jean de Ugarte le menèrent avec eux dans une contrée éloignée de vingt lieues au nord-ouest de Lorette, dans le centre des montagnes, & presque à égale distance des deux mers, de même que dans une ville appellée Comonda, où il y avoit plusieurs communautés d'Indiens situées près d'un petit ruisseau. Ce fut là que le père Mayorga fut instalé dans la mission qui fut consacrée à Saint-Joseph, & fondée par le Marquis de Villa-Puente, lequel fonda aussi les deux autres, dont nous parlerons tantôt. Les Pères restèrent quelques jours avec le nouveau Missionnaire, pour l'aider à rassembler ses Indiens & à les civiliser, à bâtir une chapelle, à construire des huttes avec des branches d'arbres, & à donner une certaine forme à la mission; après quoi ils retournèrent à leurs premières occupations. Le père Mayorga s'affermit insensiblement, à force de travaux & de fatigues. Il avoit quelques années auparavant consacré son église avec beaucoup de solemnité. Il rassembla la plus grande partie de ses Indiens dans deux villes, savoir, Saint Ignace & Saint-Jean, indépendamment de Saint-Joseph, & de plusieurs communautés dispersées çà & là dans la campagne, qui ne laissoient pas de se rendre assidûment au catéchisme. Il fonda deux maisons, l'une pour

pour les garçons, & l'autre pour les filles, & un hôpital, à l'entretien duquel il pourvut abondamment : il cultiva aussi près de Saint-Ignace quelques petits champs de maïz, le terrein des deux autres n'étant propre que pour les vignes, qui y ont très-bien réussi. Il s'acquitta de ses travaux spirituels avec tant de zèle & d'affection, qu'on ne pouvoit voir sans plaisir les acquisitions, la dévotion & la bonne conduite de cette petite communauté, & elle n'a point dégénéré depuis, y ayant quantité d'Indiens qui communient tous les ans. Il fut remplacé quelques années après par le père François-Xavier Wagmer, qui y mourut le 12 d'Octobre 1744, dans le tems que tout sembloit lui promettre les succès les plus heureux.

On avoit déja découvert quelques autres cantons convenables pour fonder des missions, & quelques années après, lorsque le père Salva-Tierra fut de retour, on en découvrit d'autres qui valoient encore mieux ; mais on eut tant de malheurs à essuier sur

Tome II. O

mer & sur terre, qu'on ne put entièrement satisfaire aux desirs de ce digne Religieux. La barque le Saint-Xavier, dont on s'étoit servi dès le commencement de la mission pour transporter les provisions, partit de Lorette au mois d'Août 1709, avec 3000 piastres à bord pour en acheter, & les rapporter avec le peu qu'en pouvoit fournir les Missionnaires : mais une violente tempête qui dura trois jours, le jetta sur la côte stérile des Seris, au dessus du port de Guaymas, 60 lieues au nord d'Hiaqui, où elle resta engravée parmi les basses & les rochers : une partie de l'équipage se noya, l'autre se sauva avec la chaloupe. Ce désastre sur mer, fut suivi d'un autre sur terre, dont les suites ne furent pas moins funestes : car cette contrée étant entièrement habitée par les Gentils Seris & Topacas, dans ce tems-là ennemis déclarés des chrétiens des missions établies chez les Pimas, les Cocomaques & les Guaymas, ils furent obligés, après avoir retiré le trésor de la chaloupe, & l'avoir enterré, de se rembarquer & de gagner Hiaqui, où ils arrivèrent après avoir essuié des dangers & des travaux infinis. Les Seris déterrèrent aussitôt après le trésor, enlevèrent le timon de la barque, & l'endommagèrent dans plusieurs endroits, pour en tirer les cloux. On fit aussitôt partir un bateau de pêcheur pour en porter la nouvelle au père Salva-Tierra; mais comme il n'y avoit pour lors dans la mission d'autre vaisseau que le Rosaire, lequel étoit en très-mauvais état, il résolut de se transporter sur le lieu pour voir s'il n'y auroit pas moyen de radouber le Saint-Xavier. Pendant que le Père étoit Visiteur de Sonora, il avoit ménagé la paix entre les Seris chrétiens & les Pimas, mais peu de tems après les premiers la violèrent, & massacrèrent quarante Pimas. Il est vrai que les soldats des garnisons voisines coururent après eux, & les poursuivirent jusques sur leurs côtes, mais cela n'aboutit à rien, s'étant retirés dans les îles de Sal-si-puedes, d'où il étoit impossible de les déloger sans vaisseaux. Le père Salva-Tierra avoit été demandé par les In-

O ij

diens de sa mission, mais il ne put s'y rendre, d'autant plus que les Pères avoient résolu d'aller en personne chez les Séris, tant pour reconnoître la côte jusqu'au Rio Colorado, que pour rétablir une seconde fois la paix; dans l'espoir que s'ils pouvoient étendre leur conquête spirituelle, il ne leur seroit pas difficile de les convertir au Christianisme ; au moyen de quoi les deux côtes se trouveroient soumises au Roi & à l'Evangile. La raison pour laquelle on différa pour lors cette expédition, fut la détresse où se trouva cette mission pauvre & vacante, laquelle empecha d'exécuter les autres projets quelque bien concertés qu'ils fussent. Mais cette fois ci, savoir le 6 d'Octobre, le père s'étant embarqué sur le Rosaire, se rendit à Guaymas, d'où il envoya la barque à l'ancien port de Saint-Jean Baptiste, avec des matelots, des Officiers & des provisions. Il donna ordre à d'autres de se rendre avec la chaloupe sur la côte où le Saint-Xavier avoit échoué. Quant au Père, il voulut y aller par terre, & partit sous l'escorte de quatorze Indiens Hiaqui, quoique le pays fut extrêmement rude, & habité par des ennemis, purement pour avoir l'occasion d'établir la paix & la Religion chez les Seris, & de visiter les Pimas & les Guaymas.

Dans ce voyage, qui fut des plus rudes & des plus fatiguans, il se rendit aux villages des deux derniers, que les pères Piccolo & Bassaldua venoient de rassembler, où il instruisit les adultes & batisa les enfans. Il inspira des sentimens de paix à plusieurs communautés de Seris & de Tepocas, à quoi, indépendamment de son éloquence persuasive, ne contribua pas peu la douceur de sa physionomie, qui ne manquoit jamais de lui gagner les cœurs des sauvages. Lui & sa compagnie eurent beaucoup à souffrir de la soif pendant deux jours, n'ayant pas vu une seule goute d'eau pendant tout ce tems là. Etant enfin arrivé à l'endroit où le Saint-Xavier avoit échoué, il trouva les gens de la barque dans l'état le plus déplorable, n'ayant pour toute nourriture que des herbes sauvages cuites dans l'eau. Il partagea avec eux les provisions qu'il avoit apportées, mais il y avoit tant de monde à nourrir, qu'elles furent bientôt consommées. Il avoit écrit aux pères Ferdinand Bayerca, & Michel de Almazan, qui étoient les Missionnaires les plus à portée, de lui en envoyer, mais ni les Indiens ni les Espagnols n'oserent traverser le pays des Seris pour leur porter les lettres, à la réserve d'un Indien, qui revint avec quelque peu de provisions, & à qui les Seris eurent la complaisance d'enseigner le chemin de la côte. Ils se trouverent dans ce tems-là dans une si grande détresse, que le Père, n'attendant plus que la mort, écrivit une lettre au Marquis de Villa-Puente, dans laquelle étoit une liste des dettes de la mission qu'il le prioit de vouloir bien acquitter. Il remit cette lettre à un Indien affidé, lequel se chargea de la porter à Guaymas : mais la Providence qui le réservoit pour d'autres services, fit qu'avec quelque peu de maïz que lui fournirent les sauvages, il fut en état de se rendre au port de Saint-Jean Baptiste, où le Rosaire étoit arrivé, quoiqu'il fût éloigné de quatorze lieues de l'endroit où il étoit. Il trouva à quelque distance de là, la communauté des Indiens, qui avoient pillé la cargaison du Saint-Xavier, & endommagé la barque. Ils se présentèrent les armes à la main, ayant à leur tête un vieillard qui les animoit par ses cris. Le Père s'avança tout seul, & quoiqu'il ignorât leur langue, laquelle est différente de celle de Pimeria, il fit tant par ses signes & par les petits présens qu'il fit au vieux chef & à ses enfans, qu'il gagna l'affection des Indiens. Ceux-ci ayant entendu le bruit des décharges qu'on faisoit sur la barque, en furent si effrayés, qu'ils lui apportèrent l'argent & les effets qu'ils avoient enlevés, & consentirent à faire la paix avec leurs voisins.

Les gens du Rosaire arrivèrent avec des provisions dans l'endroit où la barque le Saint-Xavier avoit échoué; mais on fut deux mois à la mettre en état d'aller sur mer, & dans cette intervalle, ils manquèrent plusieurs fois de vivres. Car, quoique les Missionnaires, qui n'avoient plus rien à craindre des Seris, leur en envoyassent, elles ne suffisoient point pour un si grand nombre de personnes, d'autant plus que les récoltes avoient manqué dans toute la Nouvelle Espagne. Le Père ayant appris qu'il y avoit à trente lieues de là une garnison appellée Notre-Dame de la Guadeloupe, dont le Capitaine dans ce tems-là, étoit Don François Xavier Valenzuela, qui avoit servi en qualité de simple soldat en Catalogne, il lui écrivit ; sur quoi il lui envoya tout autant de provisions qu'il put, & vint peu de tems après lui-même avec quelques-uns de ses gens, & un nouveau secours des vivres. Le Capitaine & les soldats qui l'accompagnoient, ne purent retenir leurs larmes, lorsqu'ils virent l'état déplorable où le Père & ses camarades étoient réduits. Ce digne Religieux ne voulant point rester oisif pendant le tems qu'on metoit à radouber la barque, entreprit de convertir les sauvages de cette côte. Pour cet effet, il pria le père Almazan de traduire le catéchisme dans leur langue ;

&

& les Indiens, animés par les petits préfens qu'il leur fit, l'apprirent fi promptement, qu'il crut être fuffifamment récompenfé de tous fes travaux. Les Seris avoient demandé il y avoit quelques années, d'être batifés, & qu'on leur envoyât des Miffionnaires pour les inftruire comme leurs voifins. Il y en avoit même plus de 300, qui s'étant rendus à l'invitation du père Gafpard Thomas, Miffionnaire de Qucuguerpe, avoient confenti de vivre dans fa miffion. Quantité d'autres avoient demandé la même grâce au père Adam Gil, Miffionnaire de Populo, lequel ayant été les vifiter, leur propofa de fe tranfporter dans fa miffion, quoique le climat ne fût pas des meilleurs. Mais le père Gil n'ayant pu, malgré fon application, apprendre leur langue, fe vit hors d'état de pouvoir les inftruire. Il demanda au père Provincial d'être envoyé chez les Seris en qualité de Miffionnaire; mais fa miffion ne put avoir lieu à caufe de la révolte des Tarahumares, & des guerres qu'ils eurent avec les Pimas & les Guaymas leurs voifins.

Tome II. P.

La demande qu'ils avoient faite autrefois, jointe à leurs sollicitations présentes, & au desir qu'avoit le père Jean Marie de convertir tous les Indiens qui habitent entre Guaymas & la côte opposée de la Californie, le détermina à batiser leurs enfans, qu'ils lui offroient avec une espèce d'émulation ; mais il étoit question de les reconcilier, & pour cet effet, il invita les enfans des différentes nations des Seris, Pimas, Tepocas & Guaymas, à une grande fête, laquelle consistoit à tuer les bestiaux qu'on avoit fait venir de la garnison de Guadeloupe pour le service des deux barques. Les vieux Indiens, ainsi que le Père s'y étoit attendu, vinrent le trouver avec leurs enfans, sans témoigner la moindre crainte, se fiant sur le respect que tous les Indiens lui portoient, comme à leur bienfaiteur commun. La paix fut bientôt conclue, & l'on promit aux Seris de leur envoyer dans peu des Missionnaires pour les instruire & prendre soin d'eux.

Le Père fut vivement touché de

malheureux état de tant de milliers d'hommes, si bien disposés à embrasser le Christianisme. D'un autre côté il sçavoit les arrérages & les charges des provinces, l'embarras des nouvelles missions, la disette des sujets, laquelle étoit occasionnée par les calamités & les troubles qui régnoient dans ce tems-là en Europe.

Cependant, la Californie ne pouvoit absolument se passer de la présence des Missionnaires; c'est pourquoi, dès que la barque fut prête, & qu'il fut revenu de sa visite de Guadeloupe, il s'embarqua & traversa le canal, entre les îles de Sal-si-puedes, qu'il trouva navigable, malgré l'opinion où l'on étoit du contraire. Il vint ensuite à Saint-Xavier, d'où il renvoya le Rosaire à Lorette, & se rendit avec la barque dans la baie de la Conception, pour voir le père Piccolo, qui venoit d'être nommé à la mission de Sainte-Rosalie Mulége. De-là il passa à la baie de Saint-Denys ou de Lorette, très-satisfait d'avoir découvert la partie du golfe qu'il cherchoit. Il courut une grande partie de la côte des Seris, cotoyant les montagnes jufqu'à la mer. Il rétablit la paix parmi les habitans, & les difpofa à recevoir l'Evangile. Le Rofaire eut le bonheur d'échapper aux Flibuftiers, de même qu'aux corfaires Anglois & Hollandois qui infeftoient ces mers. Ces derniers allarmèrent, il eft vrai, la vigilance du Viceroi; mais il envoya des ordres à Lorette pour que le vaiffeau de la Californie fût à la rencontre de celui des Philippines, & lui dit d'éviter la côte, parce que l'ennemi l'attendoit dans ces parages. Le vaiffeau fût certainement tombé entre leurs mains, étant obligé de paffer devant le port de la Paz, où quelques corfaires l'attendoient : mais le malheur de la barque empêcha l'exécution des ordres du Viceroi, & évita au vaiffeau celui d'être pris par l'ennemi.

Peu de tems après, la petite-vérole fe répandit d'une manière affreufe parmi les Indiens, & emporta la plus grande partie des enfans, & un grand nombre d'adultes. Pour comble de malheur, le maïz & les viandes falées dont la garnison avoit été obligée de se nourrir pendant la disette, excepté dans le cas où l'on recevoit des rafraîchissemens de la Nouvelle-Espagne, occasionnèrent quantité de maladies, dont plusieurs personnes moururent. On craignit que ces maladies épidémiques ne causassent des révoltes dans plusieurs communautés déja converties, d'autant plus que les sorciers les imputoient aux Pères, faisant accroire aux Indiens qu'ils tuoient les enfans avec l'eau dont ils les batisoient, & les adultes avec l'Extrême-Onction. Ces bruits séditieux firent d'autant plus d'impression sur leur esprit, qu'il mouroit tous les jours un grand nombre de personnes ; & si les Néophites ne fussent restés fidèlement attachés aux Missionnaires, ils auroient tout-d'un-coup perdu les fruits de leurs travaux. Indépendamment de ces calamités, la Nouvelle-Espagne se trouvoit depuis 1709 dans une disette genérale de toutes choses, ce qui l'empêchoit d'envoyer du secours dans la Californie ; & pour combler les malheurs de la mission, elle perdit deux barques, dont la construction lui avoit extrêmement coûté.

Au mois de Novembre 1711, le père Jean Marie envoya à Matanchel le père François Paralta, qui étoit arrivé de la Californie deux ans auparavant, & avoit eu la surintendance de Saint-Jean Ligui, à la place du père Ugarte, le priant de faire radouber le Rosaire, & s'il étoit nécessaire de faire construire un autre vaisseau. Mais les officiers & les matelots qui étoient chargés de l'ouvrage, se prévalurent si bien de l'ignorance de ce Religieux, qu'après avoir dépensé mille piastres, la barque se trouva dans un plus mauvais état qu'elle ne l'étoit auparavant. Ils n'en restèrent pas là, & firent si bien, que peu de jours après, la barque qui n'avoit que son lest, échoua sur la côte, & se mit en pièces quoiqu'il fît peu de vent. Il fallut donc nécessairement en construire une autre. Le constructeur étoit un Chinois, ou un habitant des Philippines, lequel joignoit à beaucoup d'ignorance un grand fond de mauvaise foi. C'étoit lui qui s'étoit chargé du radoub du Rosaire, & qui avoit principalement contribué à le faire échouer. On fut un an & demi à construire ce vaisseau, par la fraude de ceux qui s'en mêlèrent, si bien qu'il revint à 22000 piastres. Cependant malgré cette dépense énorme, il ne valut jamais rien ; c'étoit cependant sur ce vaisseau qu'on devoit embarquer l'argent & les provisions. Il mit à la voile, mais il devint le jouet des vents & des flots, ce qui fit murmurer & blasphémer les matelots, dont quelques-uns avoient été employés à sa construction. Le vent les jeta sur le cap de Saint-Lucas, & les rejeta sur les îles de Masaztlan, où quelques-uns d'entr'eux qui connoissoient le danger, refusèrent de remonter à bord. Les autres continuèrent leur malheureux voyage jusqu'à la hauteur de Lorette : mais la nuit du 8 de Décembre, la tempête les jetta sur l'autre côte, où ils se firent échouer.

Dans cette extrémité ils réveillèrent tous ceux qui dormoient, pour qu'ils pussent se sauver sur des planches ou des madriers, ou gagner la poupe, où vingt personnes s'étoient retirées entr'autres les pères Guillaume & Doye, les autres, au nombre de six, sans compter le père Guisci, s'étant déja noyées. Cette scène affreuse de dangers & de malheurs, augmenta par l'obscurité de la nuit, & la violence de la tempête, au point qu'il est plus aisé de l'imaginer que de la décrire. Quatre matelots mirent le canot à la mer, & ne pensant qu'à leur propre sureté, s'abandonnèrent à la merci des flots. Les autres qui flottoient sur l'arrière du vaisseau avec le timon & le grand mât, démarrèrent la chaloupe avec bien de peine, n'ayant pour vuider l'eau que deux calebasses. Ils prirent la première chose qui leur tomba sous la main, pour leur servir d'avirons, & un morceau d'une vieille voile, & se mirent en mer; mais après avoir été balotés par les flots pendant toute la nuit, ils se trouvèrent, lorsque le jour fut venu, à plusieurs lieues de terre. Croyant que c'étoit la Californie, ils firent route vers ce côté-là, forçant de rames pendant un jour & demi ; pour furmonter le courant. Les matelots étant arrivés à terre, crurent être fur la côte d'Hiaqui, mais c'étoit celle de Cinaloa, qui en étoit éloigée de 100 lieues, d'où le courant les entraîna dans l'efpace de quelques heures dans une petite crique appellée Barva-Chivato. Qu'on fe repréfente dix-huit perfonnes dans une chaloupe, nues, mouillées, tranfies de froid, épuifées à force de ramer, fans eau, fans vivres, & qui, après avoir debarqué, n'ont d'autre confolation que celle d'avoir échappé à la fureur des flots, & l'on comprendra ce qu'elles eurent à fouffrir dans ce court trajet. Elles n'avoient ni feu ni outils pour en faire ; & pour fatisfaire leur faim, elles furent réduites à manger des huitres, de l'algue, des racines & des plantes fauvages. Le pays étoit couvert de buiffons & de ronces, de manière qu'elles ne pouvoient faire un pas fans fe déchirer la chair, & cependant il falloit marcher pour chercher un endroit habité. Après avoir ainfi marché pendant deux jours avec des peines &

des souffrances inexprimables, elles eurent le bonheur de rencontrer une plaine, où, sur l'avis d'un Indien du pays, le Gouverneur de la ville de Tamazula leur envoya des chevaux, de l'eau, & des gâteaux de maïz, tant pour subvenir à leur subsistance, que pour les mettre en état d'arriver chez le Général Rezaval, qui n'étoit qu'à quelques lieues de là, d'où ils se rendirent à Guazave, qui est la mission de Cinaloa la plus voisine. Ils restèrent là pendant trois jours chez le père François Mazaregos, lequel pour nourrir & habiller ces malheureux, employa généreusement les provisions & les hardes qu'il avoit, en quoi les Indiens suivirent son exemple. Ils passèrent de-là à la ville de Cinaloa, où le père Yrazoqui, Recteur du Collége, les nourrit plusieurs jours, au bout desquels ils se rendirent à leur gîte. Ces travaux & ces dangers loin de décourager le père Guillaume, ne servirent au contraire qu'à l'animer davantage, si bien que quelques jours après, il partit pour les missions de Hiaqui, dans le dessein de se rendre à la fin du mois de Janvier suivant 1704 dans la Californie. Il s'embarqua pour cet effet sur la barque le Saint-Xavier, mais elle fit une seconde fois naufrage, ce qui fut cause qu'on le nomma à la mission de Saint-Jean Ligui, où il résida jusqu'au tems qu'il fut appellé à la ville de la Visitation. Voici donc la seconde fois que les missions n'eurent d'autre ressource que la barque le Saint-Xavier. Le naufrage du nouveau Rosaire priva les Pères, les matelots & les soldats des vivres, des hardes, & de quantité d'autres effets dont ils ne pouvoient absolument se passer. Ils manquoient d'argent, celui qu'on avoit ayant été employé à acheter le malheureux vaisseau & les marchandises qu'il portoit. Il est vrai que l'Audience de Guadalaxara se chargea de connoître des fraudes qu'avoient commises les officiers & les charpentiers dans la construction du navire qui avoit péri, & leur infligea quelques châtimens ; mais ces exemples de justice produisirent très-peu d'effet dans la Californie. Sur l'avis qu'on eut à

Mexico des malheurs qui nous étoient arrivés, & des dangers que nous avions courus, le Viceroi ordonna que l'on envoyât dans la Californie la Belandre Notre-Dame de la Guadeloupe, après l'avoir enregistrée. On l'évalua 4000 piastres, que l'on chargea sur l'assignation. On donna ordre au Capitaine d'aller à la découverte de quelque port pour le vaisseau des Philippines; mais après le troisième voyage, le père Ugarte l'ayant fait examiner par un habile constructeur, on y trouva plusieurs défauts, & l'on reconnut qu'elle avoit été construite de débris d'un vaisseau François qui avoit échoué sur la côte du Pérou; aussi périt elle dans le second voyage pour avoir seulement touché sur un banc de sable. Il périt dans ce tems-là une autre barque du Pérou, que l'on avoit achetée pour remplacer le Saint-Joseph qui avoit échoué à Acapulco, & dont on avoit vendu les débris. Le Saint-Xavier eut aussi beaucoup à souffrir du mauvais tems, & il en coûta beaucoup de tems & de dépense pour le radouber.

On fût donc obligé de faire venir les provisions pour la garnison & la mission, sur des bateaux de plongeurs, ce qui occasionna des frais immenses qui n'aboutirent à rien. Une si longue suite de malheurs empêcha le père Salva-Tierra de reconnoître les deux côtés du golfe & ses îles jusqu'au Rio-Colorado, ainsi qu'il se l'étoit proposé. On discontinua pour la même raison la réduction des Seris & des Tepocas, si importante en elle-même, & qu'on avoit si heureusement commencée, & l'on ne songea plus à chercher un port sur la côte de la mer du sud pour le vaisseau des Philippines. Les missions du nord de la Californie n'avoient point encore d'assiette fixe, & les autres étoient en guerre avec les Guaycuri, qu'il importoit extrêmement, tant pour l'intérêt du Roi que pour celui de la Religion, d'appaiser & de convertir, pour qu'il ne restât plus d'ennemis depuis Lorette jusqu'au cap de Saint-Lucas.

Malgré ces difficultés & ces embarras, les Missionnaires de la Californie ne rabattirent rien de leurs travaux, autant que les circonstances le permirent. Ils réduisirent plusieurs communautés errantes, & en formèrent des villes, où les Indiens se rendoient pour recevoir les instructions dont ils avoient besoin, lorsque la nécessité de subsister ne les obligeoit point d'aller à la pêche, & de se disperser dans les bois & les montagnes pour y cueillir des fruits sauvages. Le père Ugarte fit plusieurs voyages au sud de Saint-Xavier, tandis que le père Piccolo continuoit les siens au nord de Sainte-Rosalie. Quantité d'Indiens étoient plusieurs fois accourus des communautés de Cadigomo, près la côte de la mer du sud, qui est au nord-ouest de Mulége, pour le prier de les aller voir, & d'amener avec lui un Père qui pût rester avec eux. En conséquence, dans l'année 1712, quoique sa santé ne fût pas en fort bon état, il se rendit à leurs desirs, & partit, sous l'escorte d'un Capitaine & de quelques soldats & Indiens. Ils traversèrent avec le secours de leurs guides les montagnes de Vajademin,

& rencontrèrent à l'occident un petit ruisseau qu'ils suivirent jusqu'à la mer, dans le dessein de reconnoître cette partie de la côte. Mais ne trouvant aucun endroit où ils pussent s'établir, ils s'en retournèrent par le même chemin, & lorsqu'ils furent à huit lieues de la mer, le Père marqua un endroit pour y fonder une nouvelle mission. Tous les Indiens des communautés voisines vinrent l'y trouver, & le prièrent de rester avec eux, & pour l'engager à le faire, ils lui promirent de lui donner leurs meilleures pitahayas & leurs plus belles plumes, & de lui amener leurs enfans pour qu'il les batisât. Le Père leur promit un Missionnaire, & ne manqua pas à la première occasion de prier le Père Provincial de leur en envoyer un. Mais ce ne fut que cinq ans après que cette mission fut fondée. Durant cet intervalle, le Père leur fit plusieurs visites, quoiqu'il en fût éloigné de trente lieues, & que le chemin fût très-mauvais, & ils lui renouvelèrent les mêmes instances. Les Cochimies des communautés de Cada-Kaaman, qui dans leur langue signifie le Ruisseau-de-la-Sauge, lui firent la même prière. Ils habitent la chaîne de montagnes qui est vers la côte de la mer du sud, à 40 lieues de Sainte-Rosalie. Il entreprit ce voyage le 6 de Novembre 1706, sous la seule escorte de trois soldats & de quelques Indiens Muléges, lesquels conduisoient deux bouriques qui portoient les provisions nécessaires, pour cette petite troupe. Après trois jours de marche, il fut joint sur la côte d'Amuna par la communauté à qui le Père dans ses autres voyages avoit donné le nom de Sainte-Aguide. Il se rendit de-là chez celles de Sainte Lucie & de Sainte Nymphe, & le 19 à la source de la rivière, où il trouva trois autres communautés, Les Indiens firent un grand festin au Missionnaire, & l'accompagnèrent partout, marchant devant pour épierrer les chemins, lui présentant des pitahayas, & lui témoignant toute la joie imaginable. Mais ils furent extrêmement chagrins lorsqu'ils s'apperçurent que les paniers des provisions étoient mouillés; ce qui

qui vint de ce que ceux qui les conduisoient, les laissèrent tomber dans un étang couvert de Sauge. Quantité d'Indiens des Communautés voisines vinrent aussi le trouver, & les femmes lui présentèrent leurs enfans pour qu'il les batisât, & il y en eut cinquante auxquels il administra ce Sacrement. Il resta chez eux jusqu'au mois de Décembre, ne cessant de les instruire & de les fortifier dans la foi ; on dressa même un grand berceau, où l'on célébra la messe. Il donna ordre que l'on suivît le ruisseau, & l'on trouva qu'à dix ou douze lieues de-là, il se perdoit sous terre. L'endroit lui ayant paru fertile, & propre pour y fonder une mission, il leur promit de leur envoyer un Religieux pour les instruire & prendre soin d'eux ; mais faute de sujets, on ne put leur tenir parole qu'en 1738, que l'on fonda la mission sous le titre de Saint-Ignace.

Le défaut de provisions, joint à l'approche de l'hiver, qui est très-vif dans ces cantons, leur fit prendre le parti de s'en retourner. Les Indiens leur donnèrent des guides, qui leur ayant fait prendre une autre route, les conduifirent chez plufieurs communautés inconnues, que le Père trouva également difpofées à recevoir l'Evangile, fi l'on n'eût manqué de fujets pour le leur prêcher. Le Père, non content de la découverte que venoient de faire ceux qui lui étoient fubordonnés, prenoit fans ceffe des mefures pour reconnoître le golfe, ou du moins, pour fe rendre une feconde fois chez les Seris & les Tepocas qu'on avoit malheureufement abandonnés. L'an 1716, il mit tout en œuvre pour pacifier les Gaycuras. Pour cet effet, il fe rendit avec le Brigantin la Guadeloupe à la Paz, qui étoit la fcène de l'entreprife mal concertée d'Otondo, dont le fouvenir fe renouveloit tous les jours par les violences mutuelles que commettoient ceux qui alloient à la pêche des perles. Il mena avec lui trois prifonniers Guaycuri, qu'il prit fur les barques de la Nouvelle-Efpagne qui vont à cette pêche, dans le deffein de les rendre à leurs compatriotes à la conclufion de la paix, pour qu'ils pussent les instruire des bons traitemens que les Indiens de Lorette recevoient des Missionnaires; mais cette entreprise échoua totalement. Le Père débarqua avec le Capitaine, les soldats & les Indiens de Lorette, lesquels gagnèrent le rivage à la nage. Les Guaycuras qui campoient sous des huttes le long du rivage, n'apperçurent pas plutôt cette troupe, qu'ils s'enfuirent avec leurs femmes & leurs enfans; surquoi les Indiens de Lorette, animés par cet instinct brutal, qui porte ces peuples à faire parade de leur bravoure avec les lâches, les poursuivirent parmi les rochers & les bois, sans daigner écouter les ordres du Père qui leur crioit de s'arrêter. Les Guaycuras, comme plus agiles, leur échappèrent, mais ils atteignirent leurs femmes, lesquelles se voyant dans l'impossibilité de se sauver, firent volte face, & se défendirent à coups de pierres. Les Indiens de Lorette se jettèrent sur elles avec une brutalité sauvage, & les eussent massacrées dans leur première fureur, si le Capitaine à la tête de quelques soldats des plus ingambes, ne fût accouru pour les en empêcher, encore eut-il beaucoup de peine à les garantir de la cruauté de ces sauvages. Ces femmes, sans faire attention au ressentiment que le Capitaine & les soldats témoignoient contre cette conduite brutale, se laissèrent si fort transporter à leur frayeur, que le Capitaine ayant voulu les aborder, elles tournèrent le dos, & s'enfuirent de toutes leurs forces. Le père Salva-Tierra fut extrêmement fâché de cette avanture, mais il dissimula son ressentiment. Ce n'étoit plus le tems de songer à la paix, après l'insulte qu'on venoit de faire aux naturels du pays, dans la personne de leurs femmes, & il ne convenoit pas de séjourner plus longtems à la Paz, vu la disposition d'esprit où étoient les sauvages; de sorte que le Père se contenta de faire sentir à ses prisonniers que la conduite qu'on venoit de tenir, étoit entièrement contraire à ses intentions, de même qu'à celle des Espagnols, lesquels n'avoient eu d'autre but que de lier amitié avec ces peuples. Il leur fit quelques petits préfens, & les congédia avec de grands fentimens d'amitié, pour qu'ils difpofaffent leurs compatriotes à accepter la paix dans une autre occafion. Le Père s'en retourna avec la Belandre à Lorette, d'où il l'envoya à Matanchel pour y chercher des provifions; mais elle fit naufrage, la cargaifon fut perdue, & il y eut neuf perfonnes de noyées. Le feul vaiffeau qui reftoit, étoit le Saint-Xavier, lequel avoit fervi dix-huit ans, à compter du commencement de la miffion.

SECTION XI.

Le père Salva-Tierra établit un Gouvernement spirituel & civil pour les Missionnaires de la Californie & les Indiens.

Au milieu des contretems qu'on eut à essuier dans l'année 1716, le père Salva-Tierra eut la satisfaction de voir les différents fonds que divers bienfaiteurs avoient assignés pour ses missions, aussi assurés qu'il pouvoit le desirer, & la forme de leur gouvernement aussi parfaite qu'elle pût l'être. Ceci me fournit l'occasion de parler de celui que ce Père établit dans la Californie. Il comprit dès la première fois qu'on entra dans ce pays, qu'il étoit absolument nécessaire d'avoir à Mexico un Agent pour recueillir les revenus des missions déja fondées, les contributions & les secours des bienfaiteurs, acheter les hardes, les provisions & les autres choses nécessaires aux Missionnaires, aux soldats, aux gens de mer employés à la réduction, de même que pour le service des Eglises & des Indiens ; & en outre qui sollicitât les affaires de la mission, qui relèvent de l'Audience royale & du Viceroi, qui veillât à l'achat, à la construction & au radoub des vaisseaux, en un mot, qui se chargeât des affaires temporelles de cette conquête éloignée. Le père Jean Ugarte s'acquitta la première année de cet emploi, d'une manière tout-à-fait exemplaire. Il fut remplacé dans son Agence pour la Californie, par le père Alexandre Romano, lequel, sur les remontances du père Salva-Tierra, fut dispensé de toute autre affaire, à l'exception de ce qui concernoit la mission, cet emploi demandant un homme tout entier ; d'autant plus qu'il ne convenoit point de confondre l'argent destiné pour la Californie, avec celui des colléges & de la province, ni l'employer à d'autres usages que ceux pour lesquels les bienfaiteurs l'avoient destiné. Le Père s'acquitta avec beaucoup de zèle de cet emploi durant plusieurs années, jusqu'en 1719, qu'il fut nommé Provincial de la Nouvelle-Espagne. Il eut pour succeffeur le père Joseph Echeverria, qui l'exerça pendant onze ans, favoir, jufqu'en 1729, qu'ayant été nommé Vifiteur de la Californie, il fut remplacé par le père Hernan Francifco Tompez, lequel, après s'en être acquitté avec autant de prudence & de zèle, que d'avantage pour la miffion, mourut dans le mois de Mai 1750. Le fond affigné par Sa Majefté pour les miffions de la Nouvelle-Espagne, tant pour celles qui font defservies par les Jéfuites, que par les Religieux des autres Ordres, eft de 300 piaftres par an, tant pour l'entretien du Miffionnaire, que pour les dépenfes qu'il eft obligé de faire pour les Indiens ; ce qui paroîtra une fomme exhorbitante à ceux qui ignorent de quoi il s'agit, & qui ne font jamais fortis de l'Europe. Elle eft cependant fort modique dans l'Amérique, à caufe de l'éloignement des miffions, & du prix exceffif des marchandifes d'Europe ; mais encore plus, à caufe de la difficulté, des

dépenfes

dépenses & des frais de transport qu'il en coûte, lesquels reviennent quelquefois à la moitié de leur valeur, sans compter les pertes qu'on fait. Quelle dépense n'est-on pas obligé de faire dans un voyage de quatre à cinq cents lieues, à travers un pays presque désert, couvert pendant plusieurs lieues de montagnes rudes & escarpées, & de forêts épaisses? & dans lequel on est obligé de porter toutes les provisions dont on peut avoir besoin tant pour les hommes que pour les bêtes? Les dépenses étant beaucoup plus grandes dans la Californie à cause de l'éloignement des lieux, des vaisseaux, des pertes que l'on souffre, & de la stérilité du terrein, on a fixé les honoraires de chaque Missionnaire à cinq cents piastres par an; de sorte que ceux que leur piété a engagés à fonder une mission, l'ont dotée d'un fond de 10000 piastres, dont l'intérêt à cinq pour cent, fournit à l'entretien du Missionnaire. Jusques aujourd'hui toutes les missions de la Californie doivent leur fondation à des particuliers, & au-

Tome II.   R

cune au trésor royal ; car quoique Sa Majesté ait ordonné d'en fonder de nouvelles pour son compte, on ne s'est point mis en peine jusqu'ici de lui obéir.

Les bienfaiteurs ni les fondateurs n'étoient point encore dans l'usage de déposer leurs capitaux entre les mains de la Société, ils le gardoient, & en payoient l'intérêt tous les ans, à mesure qu'on fondoit une mission. Le père Salva-Tierra ayant été nommé Provincial & Visiteur de la Californie, jugea qu'il valoit mieux employer ces capitaux en fonds de terre, pour qu'ils ne fussent point exposés aux hazards du commerce, comme il arriva dans l'affaire de Jean-Baptiste Lopez, fondateur de la mission de Saint-Jean Ligui, lequel ayant fait faillite, on perdit tout le capital de cette mission. D'ailleurs, les Missionnaires de la Californie étant obligés d'acheter leurs bestiaux & leurs grains dans la Nouvelle-Espagne, il leur en coutoit moins de les payer du produit de leurs terres. Il fit part de son dessein au père Ugarte, lequel l'approuva beaucoup. A son retour à Mexico, pour que cette affaire fût examinée avec cette attention, que la Société exige dans toutes choses, il la communiqua au conseil du Provincial, & son projet fut généralement applaudi, surtout par le père Alexandre Romano, Agent pour la Californie, qui peu de tems après fut nommé Provincial.

On le chargea en conséquence de ramasser les fonds, & d'acquérir des fermes, & de les faire valoir pour le compte de la mission. Il acheta successivement la ferme de Guadeloupe, dans la vallée d'Acolman, ou d'Oculna; celle d'Huasteca pour nourrir du betail, celles de Huapango & de Sarco. On employa à ces acquisitions tous les capitaux des sept missions qui étoient déja fondées ; savoir, les 5000 piastres léguées à la Californie par le Duc d'Abrantes & Linares ; 4000 piastres leguées par un Gentilhomme de Guadalaxara, & une grande partie d'autres donations moins considérables.

Il n'y a rien dans ce monde, pour

bon qu'il soit, qu'on ne puisse envisager dans différens jours, & qui par conséquent, ne soit sujet à des exceptions. Mais la conduite que l'on tint dans cette occasion, parut être dictée par la prudence, le bon ordre & la religion. On auroit pu envoyer les Missionnaires chez les Indiens, comme des brebis parmi des loups, sans bâton ni sans besace. Mais ceux qui admirent les Apôtres, pour avoir fondé des Eglises de cette manière, auroient mauvaise grâce de les blâmer d'avoir fait des collectes parmi leurs frères, ni d'avoir distribué les vivres nécessaires pour la subsistance des veuves & des orphelins, ce qui étoit l'office des Diacres. Comment les Missionnaires eussent-ils pu vivre des charités des Indiens, puisque le seul moyen de les convertir, est de leur procurer de quoi subsister ?

L'Agent du Mexique avoit donc l'œil sur ces fermes, en recevoit le produit, de même que les 18000 piastres assignées par le Roi, pour le payement de la garnison, & les équipages des barques. Sur le produit des fermes, on fournit à chaque Missionnaire les hardes & les utensiles dont il a besoin, les provisions, les médicamens, les mulets & les autres choses nécessaires pour lui & ses Indiens, ce qui consomme net ses honoraires. Il est rare qu'ils augmentent considérablement, vu que les charges & les pertes sont reglées au prorata, pour maintenir l'harmonie & l'égalité. Le surplus est employé aux frais des voyages, à l'achat des vaisseaux, en gratifications pour les soldats & les matelots, aux préparatifs & aux dépenses des nouvelles expéditions, & en secours extraordinaires, pour hâter les progrès des missions; si les dépenses excèdent la recette, le surplus tombe sur les Missionnaires. Philippe V avoit ordonné que l'on fournît à ses dépens aux missions de la Californie, de même qu'à toutes les autres de l'Amérique, toutes les choses nécessaires pour le service divin, les cloches, les tableaux, les ornemens, l'huile, & le vin pour la messe; mais cet ordre n'a jamais été exécuté. Tout a été acheté de l'argent des

Missionnaires, ou avec celui de ses rétributions, ou des effets de la mission. La construction des bâtimens, les réparations, soit ordinaires ou extraordinaires de l'église, se prennent sur le revenu du Missionnaire, qui est le curé des Indiens: ce n'est pas là le seul avantage des prêtres de la Californie; dans tous les lieux du monde, l'ouvrier mérite son salaire, & celui qui sert l'autel, vit de l'autel. Il paroît donc juste que celui qui seme la semence spirituelle, en recueille quelques avantages temporels. Cela étant, on ne doit pas trouver étrange que les nouveaux chrétiens de la Californie contribuent à la subsistance de leurs prêtres, & reconnoissent les services affectueux qu'ils leur rendent, par quelques bienfaits temporels. Cependant cela n'est pas ainsi, & les prêtres & les Missionnaires Jésuites, sont obligés de pourvoir, non seulement à l'entretien de leurs églises, mais encore à la subsistance de leurs paroissiens.

Au commencement, les Pères nourrissoient tous les Indiens qui venoient s'établir dans les villages, à condition qu'ils n'erreroient plus dans les montagnes ni dans les forêts, & qu'ils se feroient instruire dans la foi. C'est à ces charités qu'on a employé une grande partie des contributions des bienfaiteurs. Après qu'on les eut tous assemblés, comme il étoit impossible de les faire tous subsister, & qu'il ne l'étoit pas moins de trouver assez de champs, soit à cause de la qualité du terrein, de la disette d'eau, ou de la paresse naturelle des Indiens, on employa la méthode suivante. Premièrement, les Missionnaires nourrissent tous les Indiens qui assistent au service divin. On leur donne le matin & le soir leur portion d'*Atole*, c'est ainsi qu'ils appellent un potage de maïz cuit dans l'eau, que l'on écrase ensuite, que l'on fait macérer dans l'eau, & que l'on fait cuire une seconde fois. A midi, on leur donne du *Pozoli*, ou du maïz cuit, avec de la viande fraîche ou salée, des fruits ou des végétaux, s'il s'en trouve dans la mission. Telle est la nourriture que l'on donne au chef du vil-

R iv

lage, aux malades, aux vieillards & aux enfans des communautés, soit mâles ou femelles, depuis six ans jusqu'à douze. En outre, toutes les semaines on donne la même pitance à tous les Indiens de deux communautés, mâles & femelles, en considération de ce qu'ils viennent par ordre, de deux en deux, au village chef de la mission, pour y renouveler leur instruction. Enfin, tous les samedis, tous ceux qui assistent au service divin, ont leur portion assignée, & le Dimanche de la Passion, on en envoye une pareille à toutes les communautés.

Le Missionnaire habille pareillement tous ses paroissiens avec de la serge, de la bajette, & de la *palmilla*, qui est une espèce d'étoffe grossière que l'on fabrique dans la Nouvelle-Espagne. Il leur fournit aussi des manteaux & des couvertures, qu'il fait venir à ses dépens du Mexique. Il apprend à ceux qui sont en état de travailler, à labourer les champs, & à les arroser, & ce qu'ils produisent est entièrement pour eux : mais qu'arrive-t-il ? ils dissipent à l'instant ce qu'ils ont recueilli, à moins que les Missionnaires ne les en empêchent & ne s'en chargent pour le leur distribuer à tems, ou le faire tenir à une autre mission qui se trouve dans le besoin. Le vin est la seule chose qu'on leur défend, pour empêcher l'ivrognerie ; & de là vient que quoiqu'il y ait peu de vin dans la Californie, on ne laisse pas d'en envoyer dans la Nouvelle-Espagne, où on l'échange pour d'autres marchandises ; s'il en reste quelque peu au Missionnaire, il le donne aux malades, à qui il fournit aussi les médicamens dont ils ont besoin; de sorte qu'un Missionnaire & un prêtre de Californie est non seulement chargé du soin de leurs ames, mais encore de tous les devoirs d'un père de famille, & de quantité d'occupations méchaniques, depuis celle de laboureur, jusqu'à celle de cuisinier. Il leur tient pareillement lieu de tuteur, d'apothicaire, de medecin & de chirurgien, & cela sans en attendre ni profit, ni avantage, ni reconnoissance, dépensant sa propre substance, se privant du surplus, & même du nécessaire, pour subvenir à leurs besoins.

Tel fut le gouvernement qu'établit le père Salva-Tierra dans la Californie, quant au temporel, & tel il subsiste encore aujourd'hui. Le gouvernement civil qu'il introduisit à Lorette, & que d'autres Missionnaires ont adopté depuis, partie à son exemple & partie par ses conseils, consiste principalement dans les articles suivants : Que dans chaque mission nouvellement fondée, le Père a un soldat sous ses ordres, qui dans certaines occasions a la même autorité que le Capitaine de la garnison. Après que le Missionnaire a rassemblé un certain nombre de communautés, il nomme celui qu'il juge le plus capable de gouverner le village : il choisit un Indien pour avoir soin de l'église, & dans chaque communauté une personne de mœurs irreprochables & parfaitement bien instruite, pour faire la fonction de catéchiste. Le Gouverneur est chargé d'entretenir la paix & le bon ordre dans son village, & s'il arrive quelque désordre, auquel il ne puisse remédier, d'en donner connoissance au Père & au soldat. La fonction du Marguillier est d'avoir soin de l'église, & de la tenir propre, de pointer ceux qui manquent à la messe & aux autres exercices de dévotion, qui retournent à leurs premières superstitions, qui cabalent contre le Missionnaire, ou qui se dégoutent de ses instructions. Le Catéchiste de la communauté est chargé de les avertir tous les matins avant qu'ils aillent dans les bois, de répéter leurs prières & leur catéchisme, & s'il se passe quelque chose de mal dans la communauté, d'en donner avis au Père.

Lorsque le Missionnaire s'absente, soit pour aller visiter les villages & les communautés, soit pour assister les malades ou pacifier les querelles qui se sont élevées, le soldat comme son substitut, est chargé de veiller à tout, il est obligé d'aller partout où le Père l'envoye, il peut arrêter les coupables, & les châtier, mais avec modération, excepté dans les crimes capitaux, car dans ce cas, c'est au

Capitaine de de la garnison qu'il appartient de les juger. On punit les fautes légères avec le fouet, & les autres par la prison ou les coups ; quant au châtiment du fouet, dont on use envers les Indiens dans les autres provinces, voici la manière dont le père Salva-Tierra l'introduisit, par le conseil du Capitaine de la garnison. Comme il y avoit au commencement quantité de filoux, & que l'on craignoit qu'ils ne se multipliassent, on jugea qu'il convenoit de faire un exemple qui pût les contenir. En conséquence, le Capitaine ayant pris un enfant sur le fait, il fit assembler tous les Indiens, fit amener l'enfant devant eux, & leur exposa son crime avec les couleurs les plus noires. Le Capitaine l'avoit condamné à un châtiment très-sévère, & tous convinrent qu'il méritoit de le subir, ne fût-ce que pour servir d'exemple aux autres. Là-dessus le père Salva-Tierra intercéda pour lui, & pria qu'il en fût quitte pour le fouet, & on le fustigea en conséquence. Ce fut ainsi que s'introduisit cette espèce de châtiment. Les Européens le trouveront peut-être trop léger, & j'avoue qu'il seroit tel pour l'Europe : mais il n'en est pas de même dans l'Amérique, à cause du caractère des Indiens, lesquels ne peuvent supporter les châtimens trop rigoureux. Ce sont leurs compatriotes & leurs camarades eux mêmes qui l'infligent. Quant au gouvernement spirituel, indépendamment de ce que j'en ai dit, en parlant de la fondation de quelques missions, il est généralement uniforme partout. Comme tout dépend de l'éducation des enfans, c'est d'eux aussi dont on a le plus de soin. On en améne quelques-uns de toutes les missions à Lorette, où il y a des maîtres pour leur apprendre à lire, à écrire & à chanter, que l'on fait venir de la Nouvelle-Espagne. Le commerce qu'ils ont avec eux, les accoutume insensiblement à la politesse ; on leur apprend l'Espagnol, après quo on les envoye en qualité de marguilliers ou de catéchistes dans leurs communautés, où ils sont éxtrêmement respectés de leurs compatriotes. Le marguillier assemble tous les matins les habitans du village dans l'Eglise, où les communautés se rendent tour à tour, pour chanter le *Te Deum*. Ce cantique est suivi de la messe, & celle-ci du catéchisme que l'on a traduit dans leurs langues, & plusieurs fois dans la semaine, on termine le tout par un sermon, dont le but est de les instruire & de les exciter à la piété. Les adultes chrétiens vaquent ensuite à leurs ouvrages, ou s'en vont dans les bois pour y chercher de quoi subsister. Le soir, tous se rendent de nouveau à l'église pour y faire leurs dévotions. Ils font tous les samedis une procession autour du village, à laquelle ils assistent en chantant, ils retournent ensuite à l'église pour ouïr le sermon. On pratique la même chose à Lorette tous les samedis, mais en langue Espagnole pour la garnison.

SECTION XII.

Détail du Gouvernement établi par le père Salva-Tierra dans la garnison royale, & parmi les soldats & les gens de mer, de même que pour la pêche des perles.

Pour donner tout-à-la fois une idée complette du gouvernement de la Californie dans toutes ses branches, je vais parler ici de celui que le père Salva-Tierra établit parmi la garnison & les gens de mer, vu qu'il subsiste encore aujourd'hui sur le même pied. Je ne doute point que le lecteur judicieux ne goûte les raisons qui ont fait établir ces garnisons parmi ces Indiens sauvages, pour protéger les Missionnaires & les prédicateurs de l'Evangile, & qu'il ne justifie à cet égard leur conduite dans l'esprit de ceux qui ont prétendu que cette garnison & cette escorte militaire dont ils sont accompagnés, sont incompatibles avec cette liberté qui est inséparable du Christianisme. C'est-là un point qui intéresse, non seulement la Californie, mais encore plusieurs autres provinces de l'Amérique, où l'on prêche l'Evangile sous la protection des garnisons. C'est un point sur lequel on a délibéré pendant plusieurs années par ordre des Rois d'Espagne, & après un examen mur & impartial, on a approuvé cette méthode comme la meilleure, & même comme la seule qu'on pût employer pour achever la réduction & la conversion des Américains. Ceux qui ne veulent point admettre pour une raison l'exemple de quantité d'autres Religieux, qui étant allés seuls & sans gardes prêcher l'Evangile parmi les Indiens, n'en ont reçu d'autre récompense que la couronne du martyre, sans les guérir de leur aveuglement & de leur insolence; ceux-là, dis-je, peuvent voir dans l'excellent ouvrage du père Acosta: *De procuranda Indorum salute*, les raisons qu'on a eues pour en agir ainsi. Ce n'est point là une invention ni une institution des Jésuites, mais des Rois d'Espagne d'Espagne, qui n'ont fait que suivre en cela l'avis de leurs conseils. On verra bientôt comment dans la Californie même, le défaut d'une garnison, que les Jésuites demandoient depuis longtems, a pensé ruiner dans peu de jours toutes les communautés chrétiennes que l'on avoit été quarante ans à fonder, avec des travaux & des dépenses immenses. Il suffit de dire pour le présent, qu'on ne force personne à embrasser la foi ; que tous ceux qu'on batise, veulent être batisés volontairement, & qu'on ne leur administre ce Sacrement qu'après s'être assuré de leur sincérité & de leur persévérance. La garnison & les soldats ne servent qu'à garantir les Missionnaires des insultes des sauvages. Les ordres & les intentions de Sa Majesté & du gouvernement d'Espagne, sont que les soldats ne leur fassent aucune injure, & même ne les attaquent jamais, à moins qu'ils n'y soient forcés. Ils ne sont établis que pour garantir les Missionnaires de ceux qui voudroient attenter à leur vie, & leur servir de sauve-garde.

Les garnisons étant donc nécessaires pour la réduction de la Californie, le père Salva-Tierra en établit dès le commencement, mais on jugera de leur foiblesse parce qu'on en a dit ci-dessus. On augmenta & l'on diminua ensuite le nombre des soldats, selon le produit des contributions & la possibilité qu'il y avoit de les payer & de les nourrir. Après que le père Piccolo eut obtenu le payement effectif des 6000 piastres que Sa Majesté Philippe V lui avoit accordées, le nombre des soldats fut plus fixe, mais cela ne put produire une grande augmentation, vu que chaque soldat des garnisons de la Nouvelle-Biscaye, de Sonora & de Cinaloa, recevoit 300, & le Capitaine 500 piastres par an. Les soldats de la Californie, étant obligés à de plus grandes dépenses, ne se contentèrent point de cette paye; & il fallut augmenter aussi en conséquence celle des matelots. A la fin cependant, les uns & les autres s'en tinrent à la paye du Roi, comme on le verra tantôt, & on en augmenta le nombre, que l'on paya sur le fond même de la miffion. La première chofe que fit le père Salva-Tierra fut de demander que fon Capitaine eût une jurifdiction légale dans la garnifon ; & il l'obtint par la protection du Comte de Galvez, Viceroi. On lui accorda par le même Brevet toutes les exemptions & tous les priviléges néceffaires pour un établiffement dans la Californie, & on y fpécifia les appointemens refpectifs du Père, du Capitaine & des foldats, de même que les priviléges qui leur étoient accordés. On s'y oppofa d'abord au Mexique, mais il plut à Sa Majefté de confirmer ces différens articles dans la cédule du 28 de Septembre, dont on a déja parlé, ordonnant qu'on ne changeât rien au gouvernement qu'on avoit établi dès le commencement dans la Californie. Parmi ces appointemens, ces priviléges & ces grâces, il y en avoit quelques-unes de fpécifiées pour le Père, d'autres pour les foldats, d'autres pour le Capitaine, ou pour fon Enfeigne. Le Viceroi accorda au Miffionnaire la permiffion de mener des foldats dans la Californie, & de les entretenir à fes dépens; & quoiqu'aujourd'hui les foldats foient à la folde du Roi, on ne lui a point ôté le privilége de nommer un Capitaine ou Commandant, c'eft-à-dire, un homme connu par fon courage, fa prudence, fon expérience & fa piété, mais qui doit cependant être confirmé par le Viceroi, non plus que celui de lever les foldats, & de les congédier. Enfin, le Capitaine, de même que les foldats font tenus de lui obéir, & de l'efcorter dans fes voyages & dans toutes les autres occafions, qui ne font point immédiatement militaires, le Capitaine étant chargé de celles-ci. Les foldats jouiffent des mêmes droits & des mêmes priviléges que les officiers & les foldats qui font dans les troupes du Roi, leur fervice court de même qu'en tems de guerre, & lorfqu'ils fe trouvent fur les frontières, ils reçoivent la même paye que ceux de Sonora, de Cinaloa & de la Nouvelle-Efpagne. Les certificats qu'ils préfentent étant fignés par le Capitaine & le Miffionnaire, font tenus pour authentiques, & ils continuent de jouir des immunités qu'ils ont acquises par leurs services. Le Capitaine de la garnison est juge & justicier en chef de toute la Californie ; en premier lieu, des soldats, tant pour le civil que pour le militaire, des matelots, des esclaves, des colons & des Indiens ; c'est lui qui juge les causes, & qui fait exécuter ses sentences. Il est aussi Capitaine général, non seulement du pays, mais encore des mers & des côtes de la Californie. Le principal vaisseau de la garnison, porte le nom de Capitane, & comme tel, un pavillon convenable, qu'il est tenu d'arborer lorsqu'il entre dans un port, excepté à Acapulco, lorsque le vaisseau des Philippines s'y trouve. Enfin, il a la surintendance de la pêcherie des perles, ainsi qu'on le verra plus bas.

Le gouvernement militaire de la garnison est le même que celui des autres garnisons frontières. Le Capitaine a ordre de le faire observer exactement, de châtier les délinquans, & même de les casser, s'il est nécesfaire; mais dans ce cas même, lorsque la faute n'est point griève, il est tenu de donner un certificat à la personne qu'il renvoye. Il est défendu de recevoir aucun proscrit dans les troupes, si bien que dans les embarras où l'on se trouva la première année, le Trésorier Miranda ayant proposé au père Salva-Tierra de lui envoyer ceux qui auroient été bannis par l'Audience, pour servir sans paye, il refusa son offre, jugeant qu'ils feroient plus de mal que de bien par leurs mauvaises mœurs. Parmi ces soldats il y en a quelques-uns qui sont constamment employés au service de la garnison, d'autres qui escortent le père, soit lorsqu'il voyage ou qu'il est question de faire quelque nouvel établissement. Il y a dans chaque mission un soldat, lequel est tenu d'escorter le père partout où il va. Il est vrai qu'il a quelquefois voulu se dispenser de le faire, dans les cas où l'on n'avoit rien à craindre des Indiens, mais on n'a jamais voulu y consentir. Il est défendu de recevoir dans la mission aucun esclave de la Nouvelle Espagne, à cause des inconvéniens qui peuvent en résulter. Le père est souvent obligé d'aller visiter les autres villages, de même que les communautés qui en dépendent, & en outre d'assister les malades, qui le font appeller à toute heure du jour. Bien de gens trouveront étrange que le Capitaine & les soldats soient subordonnés au Missionnaire. Cet article a fait tant de peine à quelques Ministres de Sa Majesté, que dans le premier transport de leur zèle pour l'honneur du militaire, ils s'en sont plaints à Sa Majesté, & lui ont fait là dessus des représentations très-fortes. Quantité de personnes continuent encore de s'en plaindre, les unes pour un bon motif, mais le plus grand nombre par un effet de cet esprit de contradiction, qui les a portées à contrecarrer la Société dans tout ce qu'elle a entrepris, & qui vraisemblablement ne cessera de les animer, tant qu'elle vaquera au but de son Institution. Le pouvoir qu'elle a de casser les soldats, a aussi donné lieu à quantité de faux bruits & de plaintes contre les Missionnaires, auxquelles quantité d'habitans de la Nouvelle-Espagne n'ont pas manqué d'ajouter foi, prétendant qu'on devoit remédier à un pareil abus. Le père Salva-Tierra n'ignoroit point les faux bruits que l'on faisoit courir sur le compte de la Compagnie, & nommément sur le sien.

Ces faux bruits furent confirmés par les clameurs d'un Capitaine & de quelques soldats qu'il renvoya dans ce tems-là, & qui résolurent de se venger de lui à quelque prix que ce fut. On n'ignoroit point qu'il y avoit quantité de perles sur les côtes de la Californie; & cela étant, comment pouvoit-on s'imaginer que les Missionnaires ne se servissent pas de leurs Indiens, & même des soldats de la garnison pour en pêcher pour leur compte? Les Ministres qui eussent pensé autrement, auroient cru leur faire beaucoup d'honneur. D'un autre côté on ne vit aucune perle au Mexique, quoiqu'on espérât d'en recevoir, & le Roi ne fut point payé de son cinquième. Que conclut-on de-là? que les Jésuites les gardoient pour eux,

eux au préjudice du revenu royal, & contre la foi publique. Convenoit-il en effet que le Roi assujettît honteusement ses troupes à des Religieux, leur payât des appointemens, leur fournît des vaisseaux, & dépensât de si grandes sommes, pour protéger des gens qui fraudoient ses revenus, & cela sous un prétexte apparent de pieté & de religion? Convenoit-il d'épuiser le trésor pour favoriser l'ambition des Jésuites? Tels furent les faux bruits que l'on fit courir, & le père Salva Tierra ne les ignora point. Mais il savoit aussi l'estime que l'on avoit pour lui & pour ses confrères, à cause des soins qu'ils se donnoient pour la conquête de la Californie, de même que les démêlés qu'ils avoient souvent avec les soldats & les gens de mer. Comme il joignoit à beaucoup de sagacité naturelle, une longue expérience de ces contrées, qu'il connoissoit à fond le climat, le sol & le caractère des habitans, il comprit dès le commencement même qu'on ne devoit point suivre dans la conquête & la réduction de la Californie, les

Tome II.   T

règles que l'on suit en Europe, & même dans l'Amérique. Il vit clairement que tous ses efforts, ses travaux & ses dépenses seroient perdues, à moins que le Capitaine & la garnison ne lui fussent subordonnés, & que sans ce commandement temporel, quoique désagréable & dispendieux par lui-même, il se verroit dans l'impossibilité d'achever sa conquête spirituelle. Il en étoit si convaincu, qu'il ne voulut rien entreprendre que ce point ne fût décidé. On peut voir les raisons qui le firent agir ainsi, partie dans le Mémoire que j'ai rapporté ci dessus, * & partie dans ce que j'ai dit de la province de Sonora. **

Le Capitaine de la garnison étant aussi Capitaine des mers & des côtes de la Californie, à une jurisdiction absolue sur les vaisseaux & sur leurs équipages, sans cesser pour cela d'être subordonné aux Missionnaires. Les vaisseaux qui appartiennent propre-

---

* Part. III. Sect. VIII.
** Part. III. Sect. V.

ment à la Californie, consistent en une grosse barque, laquelle est destinée pour apporter les comptes & les payemens d'Acapulco, de Matanchel, & autres ports éloignés, & une autre plus petite, laquelle sert à transporter les provisions que l'on tire des côtes de Sonora & des autres contrées adjacentes. C'est le Roi qui est chargé de la construction & du radoub de ces vaisseaux, & de l'entretien de leurs équipages : mais de seize vaisseaux, tant grands que petits, qui ont appartenu à la Californie jusqu'en 1740, il n'y en a eu que douze qui ayent été achetés, ou construits aux dépens de la mission. Depuis même la viceroyauté du Marquis de Casa Fuerte, les vaisseaux ont été conduits tous les deux ans à Acapulco, & y ont été carénés aux dépens du Roi. Il est souvent arrivé qu'il n'y a eu qu'un seul vaisseau dans la Californie, aussi les Missionnaires se sont-ils trouvés dans des dangers & des détresses extrêmes. C'est faute de barques qu'on n'a pû faire dans le golfe les découvertes qu'on avoit projetées :

l'on fit la dernière avec des bateaux en rangeant la côte, avec les dangers qu'on a pu voir dans le journal qu'on en a donné. C'est aussi pour la même raison qu'on a proposé au Conseil celles qui restoient à faire sur la côte occidentale de la mer du sud, à cause de leur difficulté & des dépenses qu'elles exigent, & le Roi a bien voulu s'en charger. La jurisdiction du Capitaine sur les barques, n'est pas moins essentielle au maintien & au bon gouvernement de la Californie, que celle qui est annexée à son poste sur les soldats de la garnison : & sa subordination aux Pères dans cet article, est encore plus nécessaire que dans ce qui concerne le pays. On peut en voir la principale raison, indépendamment des autres, dans le Mémoire du père Salva-Tierra. Les soldats sont naturellement portés à la pêche des perles, & les matelots encore plus qu'eux, à cause de la fortune rapide qu'ils ont vu faire à quelques habitans des côtes de la Nouvelle-Galice & de Cinaloa. Si donc le Capitaine n'étoit point le maître des barques, elles seroient plus souvent employées à cet usage, qu'au service de la mission, de sorte qu'on ne pourroit compter sur les provisions. D'un autre côté, si le Capitaine & les soldats étoient indépendans des Jésuites, ils seroient les premiers à aller à la pêche des perles; & au lieu de garder la partie du pays qui est déja conquise, d'escorter les Pères dans leurs voyages, & de les assister dans leurs autres fonctions, ils obligeroient les barques & les Indiens à en pêcher, pour satisfaire plus promptement leur avarice. De-là s'ensuiveroit l'oppression des Indiens, & de celle-ci des plaintes, des inimitiés, des querelles, des complots, & enfin une révolte générale, qui feroit perdre dans un instant tout le fruit de la conquête. Ceux qui pensent autrement, changeroient bientôt d'avis, s'ils étoient mieux instruits.

Il étoit donc nécessaire, tant dans les affaires civiles que militaires, que les vaisseaux qui appartiennent à la Californie, dépendissent du Capitaine de la garnison, & que tous deux fussent soumis à la direction des Missionnaires. Cependant „ le gouvernement du Mexique a voulu que le Capitaine eût une jurisdiction absolue sur tous les vaisseaux qui naviguent dans le golfe. Les Jésuites étant entrés dans la Californie, & ayant rétabli la paix le long de la côte depuis la baie de la Paz jusqu'à la Conception, on recommença à pêcher des perles sans que les Indiens s'y opposassent. Il n'y eut que les insulaires de Saint-Joseph, les Guaycuri & les Coras, qui habitent la côte depuis la Paz jusqu'au cap de Saint-Lucas, qui voulurent l'empêcher, pour se venger des mauvais traitemens qu'on leur avoit fait. Les habitans de la côte de la Nouvelle-Galice & de Cinaloa, qui autrefois venoient dans des petits bâteaux, & avec beaucoup de danger à cette pêche, commencèrent à se servir des grosses barques, & se rendirent sur la côte opposée pour y pêcher des perles, & en faire trafic ; obligeant les Californiens à leur en pêcher, sans leur faire la moindre gratification. Les soldats

& les matelots pressèrent plusieurs fois le père Salva-Tierra de leur permettre d'en pêcher aussi, ce qu'il leur refusa absolument.

Ce refus les mécontenta, tous se plaignirent, & plusieurs demandèrent leur congé ; ce qui ne l'empêcha pas de persister dans sa première résolution.

Un incident particulier acheva de le confirmer dans son opinion. Il avoit envoyé une barque à l'île del Carmen, & elle y fit un plus long séjour que le service ne l'exigeoit. Il soupçonna que les matelots s'étoient amusés à pêcher des perles, & en effet, quelques particuliers l'avertirent que ses soupçons étoient fondés. Il en fut très-mécontent ; mais comme la garnison avoit considérablement diminué à cause de ceux qu'il avoit renvoyés pour la même faute, il délibéra en lui-même s'il ne congédieroit pas ceux-ci, & s'il ne resteroit pas seul dans la Californie. Il le fit, & attendit patiemment que la Providence lui en envoyât d'autres, ce qu'elle ne manqua pas de faire.

Vers la fin de l'année 1702, deux barques commirent de si grands desordres, que le Capitaine fut obligé de partir avec un détachement pour aller au secours des Indiens. Après les avoir séparés, il demanda aux gens de la barque de lui produire l'ordre du Viceroi qui les autorisoit à pêcher, & ils lui demandèrent à leur tour celui qu'il avoit de les en empêcher. Comme il n'en avoit point, la chose en resta là. Le Capitaine étant retourné à Lorette, envoya au Viceroi un détail de cette querelle, & de quantité d'autres violences qu'on exerçoit sur les Indiens, au risque de les faire révolter, le priant de lui marquer la manière dont il devoit se conduire dans ces sortes d'occasions. Sa lettre fut lue à Mexico en plein conseil, le 18 de Janvier 1703, & le Trésorier, à qui on l'avoit renvoyée, fut d'avis qu'on expédiât un ordre circulaire, portant défense à qui que ce fût de pêcher des perles, jusqu'à ce qu'on eût instruit Sa Majesté de ce qui s'étoit passé; & en outre, de rechercher ceux qui avoient osé en aller pêcher sans permission, & de les punir suivant la rigueur des ordonnances. Pour prévenir les désordres qui pourroient se commettre dorenavant, on donna pouvoir au Capitaine de la Californie de saisir tous les vaisseaux qui iroient à la pêche des perles.

Mais dans le Conseil tenu le 27 du même mois, & dans la même année, il fut décidé qu'on la permettroit à tous ceux qui en auroient obtenu la permission du Viceroi. Qu'on enverroit l'ordre proposé par le Fiscal au Capitaine de la garnison royale de Lorette, & que l'on prieroit les pères Salva-Tierra & Piccolo de faire savoir au Conseil s'ils croyoient que cette permission pût occasionner quelque inconvénient ; & qu'à l'égard des violences commises sur les Indiens, on pouvoit les prévenir par la vigilance, ou les arrêter par des châtimens sévères ; & par conséquent, que l'on ne croyoit pas devoir s'opposer au bien public, par la crainte d'un mal, dont le remède étoit si facile.

En conséquence, on envoya dans la Californie des ordres correspondants à ce décret, & l'on donna plein pouvoir au Capitaine d'empêcher la pêche clandestine des perles, de même que les violences dont les Indiens se plaignoient. Comme le père Piccolo étoit absent, le père Salva-Tierra répondit au Viceroi, par une lettre datée de Lorette 1704, dont on a conservé l'original parmi les registres de la Secrétairie de Mexico. Elle porte en substance que rien n'est plus juste à plusieurs égards, que de permettre la pêche des perles aux habitans de la côte de la Nouvelle Espagne, vu que c'est un moyen d'augmenter les revenus du Roi, d'encourager la navigation & la construction des vaisseaux dans le golfe & les mers voisines, où chaque vaisseau est une espèce de garnison, d'éloigner les pirates, & de faciliter l'envoi des provisions dans les tems de disette; & enfin, qu'il étoit juste que la Californie reconnût dans cette occasion les services que la Couronne lui avoit rendus. Mais en même tems qu'il ne convenoit pas que les équipages des barques, non plus que le Capitaine

& les soldats de la garnison, eussent la liberté d'aller à cette pêche, à l'exclusion de tout autre, à cause des inconvéniens qui pourroient en résulter. Il finit par lui dire, que s'ils obtenoient jamais cette permission, on ne pourroit absolument plus compter sur eux, ni en tems de paix, ni en tems de guerre. Telle fut la réponse du père Salva-Tierra, & elle confirma le Conseil dans sa première résolution. Le Viceroi prit des mesures convenables pour empêcher la pêche clandestine des perles, & qu'on ne frustrât le Roi du quint qui lui en revenoit. Il est certain que le quint de chaque barque étoit affermé 12000 piastres par an, * ce qui prouve combien la Californie est avantageuse à la Couronne, & le profit qu'on pourroit en tirer, si l'on s'y prenoit comme il faut.

Tel fut l'ordre qu'on établit pour la pêche des perles, par le conseil du père Salva-Tierra; il le maintint

_____

* *Voy. la Part. III. Sect. XXII.*

tant qu'il vécut, & il subsiste encore aujourd'hui. Il est vrai que ces mesures ont extrêmement irrité les soldats, & encore plus les matelots & quelques habitans de la Nouvelle-Espagne, aussi n'ont-ils point cessé de répandre une infinité de calomnies contre les Missionnaires. On ne sçut pas plutôt l'ordre du Viceroi, & le pouvoir qu'il accordoit au Capitaine pour empêcher les pratiques illicites de divers habitans de la côte, que tout le monde s'en plaignit hautement. Les soldats, entr'autres, dirent que la conquête étant le fruit de leur valeur & de leurs travaux, c'étoit leur faire une injustice criante de leur défendre de pêcher des perles, lorsqu'on le permettoit aux habitans de la Nouvelle-Espagne ; qu'il étoit bien dur pour ceux qui avoient pacifié le pays de se voir privés du fruit qui leur en revenoit ; que les Missionnaires entêtés de leur conquête imaginaire, ne vouloient permettre ni aux Indiens, ni à eux d'aller à cette pêche ; que le seul privilége qu'ils eussent étoit d'en faire trafic, & cela sous des clauses & des conditions, qui pour être trop favorables aux Indiens, leur étoient extrêmement défavantageuses. Telles étoient les plaintes des soldats & des matelots qu'on avoit cassés, ou qui étoient à la veille de l'être. Mais comme il convient de rendre justice à tout le monde, il faut avouer qu'il y a eu & qu'il y a encore dans la Californie des soldats qui ont rendu de très-grands services aux Pères. On peut mettre de ce nombre le Capitaine Don Estevan Rodriguez Lorenzo, dont on ne peut trop louer la bonne conduite. D'un autre côté les Missionnaires ayant été obligés de prendre pour soldats des gens qui étoient le rebut du genre humain, faute d'en avoir d'autres, ils ont eu beaucoup à souffrir de la garnison & des gens de mer. Si ces difficultés subsistent, lors même que les soldats sont subordonnés aux Missionnaires, que deviendroient les missions, s'ils étoient indépendants ?

SECTION XIII.

Sa Majesté envoie de nouvelles troupes dans la Californie. Le père Salva-Tierra meurt sur la route de Mexico. Etat des affaires dans cette contrée

On a vu, par ce qu'on a dit précédemment, les peines & chagrins que l'on eut à essuier au commencement de l'année 1717. L'infatiguable Salva-Tierra succomba enfin sous le poids des maladies & des années. Il étoit sujet depuis longtems à des coliques néphrétiques, qui devinrent plus violentes que jamais. Cependant, il ne rabattit rien de son zèle, ni de ses travaux, excepté dans les cas où il étoit alité, & alors même il ne laissoit pas de donner ses soins & son attention aux affaires de la mission : mais on ne tarda pas à s'appercevoir qu'il tiroit sur sa fin.

Le père Nicolas Tamarral, qui venoit d'être nommé à la mission de

La Puriſſima, arriva dans le mois de Mars à la baie de Saint-Denys ou de Lorette, avec des lettres du père Provincial Gaſpard Kodero, par leſquelles il lui marquoit que le nouveau-Viceroi Don Gaſpard de Zuniga, Marquis de Valero, étoit arrivé à Mexico le 10ᵉ d'Août de l'année précédente, avec des ordres particuliers & poſitifs de la Cour, relativement à la réduction de la Californie, qu'il étoit dans la ferme réſolution d'exécuter; & que Son Excellence étoit bien-aiſe de conférer là-deſſus avec lui, il le prioit de ſe rendre ſans délai à Mexico; que comptant ſur ſa prompte obéiſſance, il lui envoyoit le père Tamaral, & qu'il feroit enſorte à ſon retour de lui donner d'autres Miſſionnaires, quand même la province devroit manquer de ſujets. Là-deſſus, le père Salva-Tierra, ſans conſulter ni ſa maladie ni ſon âge, non plus que les travaux, les ſoucis & les dangers auxquels il s'expoſoit, s'embarqua le 31 du même mois pour Matanchel avec le frère Jacques Bravo, qui ne voulut abſolument point l'abandonner dans l'état où il se trouvoit. Le père Ugarte fut chargé des affaires en son absence. Ils traversèrent heureusement le golfe au bout de neuf jours, & prirent le chemin de Tépique; mais le mouvement du cheval augmenta tellement les douleurs du père Salva-Tierra, qu'il lui fut impossible de continuer sa route sur cette monture. Cependant comme son zèle pour le gouvernement, ni le motif de son voyage, ne lui permettoient point de séjourner à Tépique, on fut obligé de le faire porter à Guadalaxara dans un palanquin, ce qui ne laissa pas de le fatiguer beaucoup. Ses douleurs augmentèrent au point, qu'il fut deux mois à l'agonie. Lorsqu'il sentit approcher sa dernière heure, il fit appeler le frère Jacques, le chargea des affaires de la mission, & rendit son ame à Dieu, la joie & la sérénité peintes sur le visage. Toute la ville & la province furent extrêmement allarmées du danger où il étoit. Les habitans l'aimoient depuis plusieurs années comme leur père, & le respectoient comme un homme d'une

vie

vie exemplaire, & fort zèlé pour la conversion des Indiens ; mais rien ne les toucha plus que le chagrin que les Californiens qu'il avoit amenés avec lui témoignèrent à sa mort.

Toute la ville assista à son Convoi, tout retentissoit de ses éloges, & on le déposa dans la chapelle qu'il avoit bâtie à Notre-Dame de Lorette.

Le frère Bravo ayant mis ses papiers en ordre, se rendit à Mexico, & trouva le Viceroi parfaitement disposé à concourir au bien des missions & à la réduction de la Californie. L'ordre que Sa Majesté Philippe V lui avoit envoyé, en date du 29e Janvier 1716, contenoit une récapitulation de tous ceux qui avoient été expédiés jusqu'au 26 de Juillet 1708, & finissoit ainsi : « Comme on n'a » point rendu compte à mon Con- » seil des Indes, ni de ce qu'on a fait » en exécution de mon dernier ordre, » ni de l'état actuel de la conversion » des Californiens, considérant l'im- » portance dont il est d'encourager » & d'affermir la religion dans cette » contrée par tous les moyens possi-

» bles, j'ai jugé à propos de vous
» communiquer ces affaires, afin qu'en
» étant instruit, vous puissiez, ainsi
» que je vous l'enjoins par cette pré-
» sente, vous employer avec autant
» de soin que de vigueur à aire exé-
» cuter l'ordre daté du 26 de Juillet
» 1708, concernant l'avancement de
» cette conquête, & m'envoyer un
» détail de tout ce qu'on aura fait
» en exécution de mes ordres, mais
» sans changer en rien que ce soit
» la forme du gouvernement qui a
» subsisté jusqu'aujourd'hui dans la
» Californie, afin qu'après avoir exa-
» miné le rapport que vous en ferez,
» on prenne les mesures convenables ;
» car tel est mon plaisir. » Cet
ordre procédoit entièrement du désir
qu'on avoit de conquérir la Californie, depuis que l'Abbé Jules Alberoni étoit à la tête des affaires. Il l'en-
tretenoit, & non content d'inspirer
une nouvelle vie & une nouvelle vigueur au commerce & à la navigation des Espagnols en Europe & sur
la côte orientale de l'Amérique, il
portoit encore ses vues sur les côtes

de la mer du sud, que les corsaires ennemis insultoient dans ce tems-là impunément. Ce Ministre subtil & vigilant, qui fut peu de tems après promu au Cardinalat, ayant ordonné qu'on l'instruisît de toutes les affaires qui relevoient du Conseil des Indes, fut extrémement surpris que depuis huit ans on eût entièrement oublié la conquête de la Californie, après tant d'expéditions qu'on avoit faites pour s'en rendre maîtres. Il comprit aussitôt les avantages infinis qu'on pouvoit tirer de cette entreprise, si jamais elle réussissoit, & s'instruisit sans délai de tout ce qui y avoit rapport. Dans ce tems là un habitant de la Nouvelle-Espagne offrit au Roi d'avancer 80000 piastres, s'il vouloit le nommer Gouverneur de la Californie, & premier Alcalde d'Acaponeta & de Santipac. C'étoit là une forte tentation pour un Ministre qui manquoit d'argent, & qui méditoit des entreprises aussi dispendieuses ; mais Alberoni n'agissoit jamais sans se proposer un point de vue, & ne se bornoit point simplement au présent. Après avoir murement examiné sa demande, il en sentit toutes les conséquences, & comprit parfaitement que celui qui la faisoit, ne manqueroit pas de se dédommager de ses avances aux dépens du public, & que ce petit secours occasionneroit la perte de quantité de provinces, & surtout de la Californie, à moins que Sa Majesté n'y tînt un corps de troupes considérable pour s'en assurer la possession, ce qui l'engageroit à des dépenses immenses. Il comprit encore que l'auteur de ce projet ne manqueroit pas d'opprimer, non seulement les Jésuites & les Californiens chrétiens, mais même les soldats & les marins de la Californie, les habitans & les Indiens de la côte opposée; au moyen de quoi l'avarice insatiable d'un seul homme, causeroit la perte de plusieurs milliers de personnes, & feroit perdre à la Couronne une vaste étendue de pays. Le Roi lui répondit donc qu'il eût d'abord à produire des certificats des Évêques qui ont inspection sur ces contrées, pour savoir si sa proposition préjudicieroit ou non au bien de ces établisfemens chrétiens, & qu'au cas que cela ne fût point, il examineroit sa proposition.

Cette offre fut cause qu'Alberoni tourna toutes ses vues sur la partie septentrionale de la mer du sud, & forma entr'autres desseins, celui d'établir de nouvelles colonies sur les côtes de l'Amérique septentrionale, situées sur la mer du sud, & d'étendre la domination des Espagnols dans ces contrées immenses & inconnues qui sont au nord de Sonora, depuis la rivière Gila jusqu'au Colorado, pour qu'ils pussent y trouver par mer un marché pour les productions de ces colonies, & y recevoir en échange les choses dont ils avoient besoin. Il vouloit encore que le commerce & la subsistance de ces colonies & des autres nouveaux établissemens des provinces méditerranées, ne dépendît point entièrement des effets & du commerce de la Nouvelle-Espagne & de l'Europe : au contraire, son principal plan étoit d'étendre le commerce & la navigation des îles Philippines, & d'en faire le centre & l'entrepôt de tout le commerce de la Chine & des autres contrées de l'orient, à cause de l'avantage de sa situation. On auroit porté le commerce de ces îles des deux côtés de l'Amérique septentrionale & de l'Amérique meridionale, & la Nouvelle-Espagne eût été un canal sûr pour transporter toutes les marchandises de l'orient dans la Vieille-Espagne, & dans toutes les autres contrées de l'Europe. Il eût reglé le commerce de celle-ci avec les deux Amériques, & l'Orient, de manière qu'il n'eût influé en rien, ni diminué la dépendance où les Indes occidentales doivent être de la Vieille-Espagne, & qu'au contraire, il eût contribué à leur avantage, en diminuant ce commerce désavantageux qui subsiste depuis longtems entre l'Europe & l'Amérique, & qui tourne presque tout à l'avantage des autres nations, tandis que l'Espagne n'a pour sa part que les dangers & les peines qui y sont attachées.

Ce n'est pas ici le lieu d'entrer dans le détail des mesures qu'il avoit prises pour rétablir la marine d'Espagne &

lui rendre son ancienne splendeur, pour établir toutes sortes de manufactures, pour faire fleurir le commerce entre les provinces, & y établir l'abondance, pour augmenter les finances sans mettre de nouveaux impôts sur le peuple, pour diminuer ceux qui subsistoient, pour abolir les abus qui s'étoient glissés dans le commerce des étrangers, & pour l'établir sur un pied uniforme, afin que les vaisseaux pussent dorenavant aller d'Espagne aux Indes, & y retourner sans être inquiétés ; pour rendre les voyages plus sûrs ; pour supprimer tout commerce illicite, pour augmenter le trafic entre les sujets, & par-là les revenus du Roi, non point en haussant les prix & les droits proportionellement à la rareté des denrées & des marchandises, mais en multipliant les petits profits par l'abondance & la facilité qu'on auroit à les faire, pour tirer l'Espagne de sa léthargie, afin qu'à la place du commerce qu'elle fait en Europe, & qui est purement passif, elle devînt elle même son propre Agent, elle concentrât en elle-même les avantages des deux Amériques, & devînt la principale propriétaire du commerce dans les Indes orientales, & dans toutes les parties de la mer du sud; & enfin, pour donner un nouvel esprit & une nouvelle vigueur à toute la nation.

Il suffit de dire que pour exécuter ce plan d'une manière avantageuse à l'ancienne & à la Nouvelle-Espagne, on devoit prendre des mesures pour fournir aux deux Amériques des marchandises à plus bas prix, pour que les sujets pussent recueillir le fruit de leurs travaux, pour assurer la domination de Sa Majesté sur l'océan & la mer pacifique, & en chasser les corsaires & les pirates qui bravoient notre puissance d'une manière si scandaleuse. Cela eût rendu l'Espagne la propriétaire réelle de son commerce dans ces deux mers, la nation en eût profité, & l'Espagne eût réuni dans son sein les avantages de l'Amérique & des Philippines, de même que les François, les Hollandois & les Anglois recueillent seuls le profit de leurs établissemens dans les Indes orientales.

orientales, & de leurs coloines dans l'Amérique.

Il est aisé à un homme de repaître son imagination de ces ces idées magnifiques ; mais il faut plusieurs mains & plusieurs têtes pour les exécuter. On se règle pour les premiers motifs sur un système général, mais on rencontre souvent dans l'exécution des difficultés insurmontables. Le Ministre sçavoit par expérience que son Souverain ne trouvoit rien de difficile, lorsqu'il étoit question de la gloire de sa Couronne, & ce fut pour exécuter les vastes projets qu'il avoit conçus relativement à la Californie & aux pays & aux mers contiguës, qu'il ordonna au nouveau Viceroi d'encourager les missions de Sonora, & de se conformer pour la Californie sur les instructions qu'on a vues ci-dessus. Le Ministre lui recommanda de vive voix d'établir des colonies & des garnisons sur les côtes de la mer du sud, & de pousser les découvertes aussi loin qu'il seroit possible.

En conséquence de ces ordres, le Viceroi aussitôt après son arrivée à

Tome II.   X

Mexico, conféra avec le père Provincial Gaspard Rodero, sur les moyens qu'il convenoit de prendre pour les mettre en exécution ; le priant en outre de vouloir se trouver au Conseil général des Ministres, avec le père Alexandre Romano, Agent pour la Californie. Le Viceroi y fit lire les instructions qu'il venoit de recevoir, & déclara l'intention où il étoit de fonder au moins une colonie Espagnole sur la côte occidentale de la Californie. Tous les Ministres l'approuvèrent; mais le père Alexandre qui connoissoit mieux qu'eux le pays, leur fit observer en peu de mots que les Pères avoient toujours eu ce dessein à cœur, comme cela paroissoit suffisamment par les différentes tentatives qu'ils avoient faites; mais que cette entreprise étoit plus difficile qu'ils ne le croyoient, vu qu'on n'avoit pu découvrir le long de la côte ni port, ni eau, ni bois, ni terre labourable, & que posé même qu'on trouvât un endroit tel qu'on le demandoit, il faudroit nécessairement que Sa Majesté fournît pendant plusieurs années à la subsistance de la colonie, le pays étant si stérile par lui-même, que les Missionnaires & les soldats qui y étoient, y trouvoient à peine de quoi vivre. Il leur représenta ensuite les difficultés qu'il y avoit par rapport à la marine, la situation déplorable à laquelle les Pères étoient réduits faute de barques, ne leur en restant qu'une seule qui étoit en très-mauvais état, & les famines, les détresses & les naufrages auxquels ils étoient exposés. Ce discours engagea le Viceroi & le Conseil à mander le père Salva-Tierra, pour qu'on pût savoir son avis, & se regler en conséquence, d'autant plus qu'il étoit mieux au fait que qui que ce fût, du projet en question. Mais la mort de ce digne homme déconcerta ce système, & ils furent obligés de recourir au frère Jacques Bravo. Le père Provincial le présenta au Viceroi, lequel fut surpris de ses talens & de sa capacité. Il lui fit sentir toutes les difficultés qu'il y avoit à faire un pareil établissement, & présenta deux Mémoires à Son Excellence, l'un contenoit un détail du pays & des peuples qui l'habitent, des découvertes qu'on avoit faites sur la côte, de la fondation & de l'état actuel des missions. Il indiquoit dans l'autre les mesures qu'il convenoit de prendre pour étendre cette conquête, conformément aux ordres de Sa Majesté. Là-dessus, le Viceroi renvoya ces Mémoires au Grand Conseil, lequel s'assembla immédiatement.

Le 25 de Septembre, on lut devant l'assemblée toutes les cédules, les rapports & les ordres qui concernoient la Californie, depuis celui du 26 de Septembre 1703, jusqu'aux deux Mémoires présentés par le frère Bravo. Tous les articles du dernier, relatifs à l'exécution des ordres de Sa Majesté, furent immédiatement discutés; après quoi le Solliciteur dit son sentiment, lequel fut unanimement confirmé par l'Assemblée, dans la forme que voici.

" Le Conseil a résolu, conformé-
» ment aux ordres de Sa Majesté, que
» l'on fournisse aux missions de la Ca-
» lifornie tout ce qui leur est néces-

» faire pour l'entretien de vingt-cinq
» soldats, un Capitaine, matelots, mous-
» ses & charpentiers pour un vaisseau d'u-
» ne construction convenable aux usa-
» ges pour lesquels on le destine, aussi-
» bien que pour un plus petit, pour
» transporter les provisions ; & qu'au
» cas que la somme de 13000 piastres
» ne suffise pas pour fournir à ces dé-
» penses, on procure le surplus sur
» le trésor, ne voulant pas par une
» épargne mal entendue, & des délais
» inutiles, faire perdre aux Jésuites
» les fruits de leurs travaux, d'autant
» plus qu'il n'en a presque rien coûté
» au Roi pour cette entreprise, les
» sommes qu'ils y ont employées, &
» qui se montent à plus de 500,000
» piastres, ayant été levées par con-
» tribution. La volonté de Sa Majesté
» étant non seulement, comme le
» portent ses ordres, que l'on main-
» tienne ces missions, & qu'on en
» augmente le nombre, mais encore
» que l'on use de toute la diligence né-
» cessaire pour découvrir quelque port
» susceptible de fortification, & où
» l'on puisse établir une garnison pour

» la commodité du vaisseau qui vient
» tous les ans des îles Philippines, afin
» qu'il puisse y être en sureté, se ravi-
» tailler, renouveller son équipage,
» laisser ses malades, & se mettre en
» état de continuer sa route à Aca-
» pulco, sans être exposé aux dan-
» gers qu'il court dans ce voyage,
» tant de la part des ennemis, que
» des maladies, qui font périr plu-
» sieurs de ses gens, aussitôt après
» son arrivée sur la côte. Pour ob-
» tenir ce but important, aussitôt que
» l'on pourra construire un vaisseau,
» & l'équiper d'un nombre suffisant
» de soldats & de matelots, il se
» rendra dans la Californie pour pren-
» dre une connoissance entière & par-
» faite de la côte, se conformant en
» tout aux instructions des Pères, à
» la discrétion desquels on s'en rap-
» porte avec d'autant plus de con-
» fiance, qu'ils connoissent le pays,
» de même que ses côtes & ses mers,
» outre qu'on a éprouvé, après des
» dépenses immenses pour Sa Majesté,
» que tous ceux qu'on a employés à
» cette expédition, loin de réussir

» dans leur entreprise, ont laissé cette
» contrée, qu'il importe si fort de
» connoître, dans les mêmes ténèbres
» & la même obscurité qu'elle étoit
» au commencement. L'intention de
» Sa Majesté est encore, qu'à l'aide
» des cartes, conjointement avec les
» mémoires & les avis des Pères, des
» pilotes, & autres personnes exper-
» tes, on choisisse un port que l'on
» aura soin de fortifier sans s'éloigner
» de la moindre circonstance prescrite
» par Sa dite Majesté. Et quant aux
» appointemens des Missionnaires qui
» desserviront les nouvelles missions,
» on aura égard aux peines & aux
» inconvéniens inséparables de l'exer-
» cice de leur ministère, de même
» qu'à la difficulté qu'ils ont de re-
» cevoir les provisions, les hardes &
» les autres choses dont ils ont besoin,
» surtout lorsqu'ils sont obligés de les
» faire venir par mer, à quoi ne sont
» point exposées les missions qui sont
» en terre ferme. A l'égard des salines
» que l'on a demandées pour la mis-
» sion de Lorette, comme elles ap-
» partiennent de droit à Son Excel-

X iv

» lence, nous laissons à sa volonté de
» leur accorder cette faveur, pour un
» tems limité, ou même pour toujours
» si elle le juge à propos. »

La première chose que le frère Bravo demanda, fut qu'on lui fournît de quoi payer cinquante soldats, & établir une autre garnison, soit à la Paz ou au cap de Saint-Lucas. On la lui accorda, comme aussi la somme qu'il lui falloit pour fonder un séminaire pour l'éducation des enfans de la Californie. Les salines dont il s'agit ici se trouvent dans l'île del Carmen, près de Lorette. Le père Salva-Tierra les avoit souvent demandées, sans pouvoir les obtenir, & on les a de même refusées à ceux qui lui ont succédé. A l'égard des autres articles contenus dans le Mémoire du frère Bravo, tels qu'une gratification pour le Capitaine Don Estevan Rodriguez, l'exemption de la *Mita* & des corvées des Indiens pour les deux villages d'Ahome & d'Hiaqui, ils furent renvoyés au Viceroi. Mais le lendemain le Frère reçut une mortification à laquelle il ne s'attendoit point. Le Trésorier Mendoza, qui avoit toujours soutenu les affaires de la mission avec beaucoup de zèle, même dans un cas tout-à-fait étranger au gouvernement, dont l'avis avoit été approuvé dans le Conseil, & qui avoit appuié la délibération qu'on vient de lire, fit réflexion que les 13000 piastres accordées par le Roi, (quoiqu'on ne les eût point payées jusqu'alors) ne suffisoient point pour payer cinquante soldats, pour construire & équiper des vaisseaux, pour découvrir les côtes & les ports, pour entretenir des garnisons à la Paz & sur la côte de la mer du sud, pour fonder des nouvelles missions, des séminaires, &c. & qu'il faudroit nécessairement tripler, & même quadrupler cette somme. Cette réflexion lui fit craindre que la Cour de Madrid ne désaprouvât cette profusion, & n'en jetta la faute sur lui. Ce n'est pas que ce gentilhomme craignît la Cour de Madrid, vu que jusqu'à l'heureux avénement de Philippe V au Trône d'Espagne, il n'avoit été question que de difficultés, de débats, de défiances, & d'ordres pour ménager les revenus du Roi, dont la conséquence avoit été, que la nation, tant en Europe que dans l'Amérique, ressembloit à un corps sans ame. Il communiqua le lendemain ses craintes au Viceroi, & l'engagea à ordonner que la délibération, n'ayant point encore reçu les formalités requises, ne seroit point enrégistrée. Il envoya immédiatement chercher les Pères, lesquels insistèrent avec beaucoup de force & de solidité sur les raisons qu'on avoit alléguées au Conseil ; mais le Viceroi, flotant entre les ordres de la Cour, & les craintes mal fondées du Trésorier, réduisit le nombre des soldats de cinquante à vingt-deux, refusa l'établissement d'une garnison de quinze soldats à la Paz ou à Saint-Lucas, quoiqu'elle fût d'une nécessité évidente, ne voulut point que l'on fondât de séminaire, quoiqu'il eût dit auparavant qu'un seul ne suffisoit pas, & refusa en outre les salines. Ce contre-tems n'empêcha point le frère Bravo de poursuivre vivement cette affaire ; mais le souvenir de Madrid ralentit la résolution qu'il avoit prise de lever la difficulté que l'on faifoit de payer les vingt-cinq foldats & les matelots fur le même pied que ceux de Cinaloa, de la Nouvelle-Bifcaye & de la mer du fud; mais cette fomme fe montant à 19000 piaftres, il la jugea trop grande, & fe réduifit à ce qu'on leur donna la même paye qu'à la garde du Palais à Mexico, à la garnifon de la Vera-Cruz, & des îles fous le vent; au moyen de quoi, la fomme fut réduite à 10,000 piaftres. Le frère Bravo ne trouvant pas cette fomme fuffifante, & voyant que fes repréfentations ne fervoient à rien, demanda un certificat de ce qui s'étoit paffé, pour pouvoir s'adreffer directement à Sa Majefté. Le Viceroi le lui refufa, quoiqu'il convînt que les ordres qu'il avoit reçus de Sa Majefté & de fon Miniftre étoient clairs & pofitifs, & qu'il falloit que cette entreprife fe fît à quelque prix que ce fût. Enfin, après plufieurs délais, le Tréforier & le Viceroi fe flattant qu'en cas de plainte, ils pourroient alléguer pour leur juftification la délibération abfolue du Confeil, lequel avoit accordé tous les articles qu'on avoit demandés, on signa & on enrégistra la première délibération, mais avec ces restrictions, que les soldats seroient réduits à la moitié du nombre qu'on avoit demandé, mais sans faire mention ni du séminaire, ni de la garnison de la Paz, ni des autres articles. Cette résolution ne fut point enregistrée avec les actes du Conseil; on se contenta d'y inférer les Mémoires du frère Jacques, & trois ans après on les trouva avec toutes les autres pièces dans la maison d'un particulier. On accorda dix-huit mille deux cent soixante & quinze piastres & quatre réaux pour la paye des soldats & des matelots, sur le pied de ceux de la Nouvelle-Biscaye & de la mer du sud. Trois mille vingt-trois piastres pour l'acquittement des dettes laissées après la mort du père Salva-Tierra. Quatre mille piastres que l'on prit au trésor royal pour acheter un vaisseau pour le service de la Californie; mais après cette dépense, il périt l'année suivante dans le port de Matanchel, à cause d'un défaut qu'il y avoit dans la quille. Tout ce qu'on avoit ordonné de surplus, se réduisit à la bonne volonté que témoigna le Viceroi de conquérir la Californie, de la peupler & de faire des établissemens sur ses côtes, mais sans vouloir avancer les sommes nécessaires pour l'exécution de ce projet avantageux.

Il s'en falloit beaucoup que le Roi & le Ministère d'Espagne donnassent dans une épargne aussi sordide que le Conseil de l'Amérique se l'imaginoit. Car dans le même tems, savoir, vers l'année 1717, le père Piccolo écrivit une lettre familière au père Brassal Jua, Recteur du collége de Guadiana, dans laquelle il lui donnoit avis des découvertes qu'il avoit faites dans le nord de la Californie, & de ses heureux progrès, de la disposition où étoient les habitans de la côte de la mer du sud & de la côte opposée de recevoir la foi, si on leur envoyoit des gens pour les instruire, & enfin de l'indigence, du danger & de la détresse où ils étoient, faute de barques, de provisions, de hardes, &c

Cette lettre tomba entre les mains de Don Pedro Tapiz, Evêque de Durango, de qui relève le Diocèse de la Californie, & il en fut si touché, qu'il priât qu'on lui laissa l'original pour le faire passer à Sa Majesté avec un Mémoire qu'il avoit dessein d'y joindre. En conséquence, le 18 de Février 1718, il mit la lettre du père Piccolo dans celle qu'il écrivit à Sa Majesté, dans laquelle, après lui avoir représenté d'une manière pathétique l'état des affaires de la Californie, il prie le Roi d'encourager ces nouveaux établissemens chrétiens, & d'augmenter le nombre des Missionnaires, pour qu'ils puissent convertir à la foi cette vaste multitude de peuples. Ces lettres arrivèrent à Madrid en 1719; il s'en fit faire la lecture dans son Conseil des Indes, & sur son avis, appuié de celui du Cardinal Alberoni, il signa le 19 de Janvier 1719 une nouvelle cédule adressée au Viceroi, dans laquelle, après avoir inséré celle qu'on lui avoit remise à son départ pour le Mexique, " il lui » enjoint dans les termes les plus forts

» d'exécuter ce qu'il lui avoit ordon-
» né ; se plaignant de ce qu'il ne l'a-
» voit point averti de ce qui s'étoit
» passé, lui ordonnant de le faire
» incessament. »

En recevant cette cédule, le Vice-roi eut la mortification de voir que les actes du Conseil n'avoient point été envoyés à la Cour, & qu'on ignoroit même ce que les pièces étoient devenues. A la fin, on les trouva, comme je l'ai dit ci-dessus, chez un particulier ; & quoi que l'on crût que le Viceroi, dans ses lettres particulières, avoit instruit le Roi de ce qui s'étoit passé, il ne parut cependant point par les registres que les actes du Conseil eussent été renvoyés en Cour.

Cette même année 1719, le Cardinal Alberoni, quitta l'Espagne, ce qui fit évanouir les vastes projets qu'il avoit formés relativement à l'Amérique, aux îles Philippines, à la mer du sud & à l'Europe, ainsi que tout le monde le sçait.

SECTION XIV.

Progrès des missions sous les pères Sistiaga & Tamarral. Fondation de la mission La Purissima. Le père Ugarte fait construire un vaisseau dans la Californie. Le frère Bravo en obtient un autre au Mexique, & fonde la mission de la Paz, en même tems que le père Helen fonde celle de Guadaloupe.

LE frère Jacques Bravo, après avoir expédié les affaires de la mission à Mexico, & remercié le Viceroi & les autres Ministres, acheta les provisions & les effets dont on avoit besoin, s'embarqua avec le père Sébastien de Sistiaga sur un vaisseau du Pérou que le Viceroi avoit acheté, & arriva à Lorette au mois de Juillet 1718.

Il s'éleva dans l'Automne de l'année 1717 un furieux ouragan, qui s'étendit sur toute la Californie & sur son golfe, & les pluies furent si violentes qu'elles qu'elles entraînèrent tout ce qui se trouva sur leur chemin. L'église & la maison du père Ugarte furent rasées jusqu'aux fondemens, & il fut obligé de se sauver sous un rocher, où il demeura pendant vingt-quatre heures exposé à toute la rigueur du tems. Le canal qu'on avoit pratiqué pour conduire les eaux, fut comblé, l'écluse de Saint-Xavier emportée, & les champs qu'on avoit ensemencés tant ici qu'à Mulége, totalement détruits par la quantité de cailloux qui s'y amassèrent. Le vent étoit si violent, qu'un jeune garçon Espagnol, appelé Mathieu, fut emporté à Lorette par un tourbillon, si bien qu'on ne le revit plus. Il périt quantité de barques sur la côte de la Californie, & entr'autres deux de Compostelle, avec quatre personnes, le reste de l'équipage se sauva sur deux grosses belandres, qui se trouvèrent là par hazard, & qui étoient fortement amarrées à l'abri d'un rocher. Ces malheureux arrivèrent à Lorette, où le père Ugarte les reçut avec la plus grande cordialité, & retournèrent en-

Y

suite dans la Nouvelle-Galice sur le vaisseau du Viceroi, lequel périt aussi peu de tems après. Les Pères avoient vu bien des ouragans & des pluies dans le pays, mais aucunes qui égalassent celles-ci par leur durée & leur violence. Si ces orages étoient autrefois fréquens dans la Californie, on ne doit pas être surpris que toutes les terres ayent été emportées, que les rochers soient restés à découvert, & que les plaines & les vallées ne soient plus qu'un monceau de pierres.

Le père Tamarral, animé par les bonnes espérances qu'il avoit conçues, se rendit au village de Saint-Michel, & y trouva pour prémices de sa mission deux communautés d'Indiens idolâtres, qui le prièrent instamment de les batiser, ce qu'il leur accorda. Il s'en fut de-là à travers les montagnes chez les communautés de Cadigomo, que le père Piccolo avoit visitées quelques années auparavant, ou celles de l'Immaculée Conception (La Purissima Conception) vinrent le joindre. Il espéroit que le terrain de cette mission seroit infiniment plus propre pour le grain & les pâturages, que celui de Cadigomo; il fit construire une écluse & un réservoir, mais ces peines furent perdues, tant à cause de la violence des torrents que de la paresse des Indiens. Celui de la Conception avoit beaucoup souffert du dernier orage, cependant après quelques années de travail, il vint à bout de bâtir une église & une maison, & de cultiver plusieurs champs de maïz, tant pour lui que pour ses Indiens. Une autre entreprise fort difficile, fut de pratiquer un chemin pour les bêtes de charge jusqu'à la mission de Sainte-Rosalie, qui étant la plus proche, étoit aussi la plus à même de lui fournir des provisions, les villages de Saint-Michel & de Saint-Xavier se trouvant hors de la route indépendamment du danger & de la difficulté du chemin. Il dirigea plusieurs années cette nouvelle mission, & il suffit de dire, pour prouver sa ferveur & son zèle, qui malgré la foiblesse de son tempérament, & les maladies auxquelles il étoit sujet, il l'étendit plus de 30 lieues dans un pays montagneux & coupé, & habité par plus de quarante communautés, qui n'avoient aucune demeure fixe. Il en instruisit & en civilisa trente trois, & batisa près de deux mille ames; & forma de ces malheureux sauvages une des missions les plus nombreuses & les mieux gouvernées qu'il y ait dans cette contrée du monde.

Le Père Ugarte, animé par la bonne disposition des Cours de Madrid & de Mexico, entreprit d'exécuter une entreprise, dont lui seul étoit capable de voir la fin. Il mouroit d'envie de reconnoitre les deux côtes du golfe de Californie, & de déterminer exactement si elle étoit contiguë ou non au continent de la Nouvelle-Espagne, de quoi plusieurs personnes doutoient malgré les découvertes du père Kino, soupçonnant qu'il pouvoit y avoir entre Lorette & le Rio Colorado un canal ou un détroit par lequel le golfe communiquoit avec la mer du sud, & par où les vaisseaux qu'on disoit avoir autrefois fait le tour de la Californie, avoient passé. Il n'étoit pas moins impatient de reconnoître par mer la côte du sud, & de trouver un port pour le vaisseau des Philippines, non seulement parce qu'on avoit eu cet objet en vue des le commencement de la conquête, mais encore, parce que ses supérieurs le lui avoient recommandé de la part du Viceroi, comme un article contenu dans les ordres de Sa Majesté; il falloit pour une pareille expédition un bon vaisseau, & il n'y en avoit aucun dans ces mers. Le Saint-Xavier ne valoit rien pour cet usage, & celui qu'avoit donné le Viceroi ne valoit guères mieux. En acheter un à Acapulco, c'étoit s'exposer à être trompé comme la première fois; car les Péruviens se mettent peu en peine de la force des vaisseaux, l'expérience leur ayant appris qu'à l'exception de certains vents périodiques, cette mer est toujours fort calme. En construire un nouveau sur les côtes de la Nouvelle-Espagne, c'eût été vouloir jeter les hommes & l'argent dans la mer, & il avoit pardevers lui de trop fortes preuves de l'ignorance, de la mauvaise foi & de la scélératesse des constructeurs & des charpentiers du pays, dans les diverses barques qu'ils avoient construites, telles que le Saint-Firmin, le Saint-Joseph, & Notre-Dame du Rosaie,

On eût pu en trouver un dans les Philippines, où l'on en construit aujourd'hui de toute sorte de port, & l'on en eût été quitte pour attendre. Mais le systême de commerce d'Espagne & du Mexique a trouvé un azile & un réfuge aux Philippines, auquel on ne songeoit point alors, malgré les lumières que donnoient là-dessus les ordres de Philippe III. * Il ne restoit donc d'autre ressource que d'en construire un dans la Californie, contrée pauvre & stérile, où l'on ne trouve ni bois, ni voiles, ni cordages, ni goudron, ni autres choses nécessaires pour un pareil ouvrage. D'ailleurs, où prendre des constructeurs, des charpentiers, des scieurs & autres ouvriers, & comment les faire subsister ?

---

* Voyez l'ordre de ce Prince du 19 d'Août 1706, Part. II. Sect. IV.

Ces difficultés paroiſſoient d'autant plus inſurmontables, que la miſſion, même avec le nouveau ſecours qu'elle venoit d'obtenir, ſe trouvoit dans un très-grand embarras, vu l'augmentation de la garniſon & des dépenſes; & cependant il n'y avoit point d'autre moyen pour exécuter les ordres du Roi, auxquels l'avancement de la religion étoit attaché. Le père Ugarte entreprit, & acheva heureuſement cette tâche difficile. Il fit venir un conſtructeur & des ouvriers à Lorette, dans le deſſein de tirer le bois de la côte oppoſée, ainſi qu'il l'avoit pratiqué pour la conſtruction de ſes égliſes, n'y ayant point de bois de conſtruction dans les contrées de la Californie qu'on avoit découvertes juſqu'alors. Cependant, les Indiens lui ayant dit qu'à 70 lieues au nord de Lorette il y avoit des futaies, il ſe tranſporta dans le mois de Septembre 1719 à Mulége avec le conſtructeur, deux ſoldats & quelques Indiens. Il en partit avec le père Siſtiaga, traverſa ces montagnes eſcarpées, qui aboutiſſent aujourd'hui à la miſſion de Guadaloupe, & après des travaux & des difficultés inexprimables, il trouva enfin à trente lieues de Mulége un nombre considérable de Guarivos, plantés dans des précipices & des fondrières, si bien que le constructeur trouva qu'il étoit impossible, vu la difficulté de la route, de pouvoir les transporter jusqu'au rivage de la mer. Le père ne lui répondit rien, & retourna à Lorette où il eut à essuier les railleries des habitans, qui regardoient cette entreprise, & surtout le voyage qu'il venoit de faire, comme une chose folle & extravagante. Il ne perdit cependant point courage ; il retourna aux montagnes, & dans l'espace de quatre mois, non seulement il fit abattre les arbres, mais pratiqua encore un chemin de 30 lieues, par où il les fit conduire jusqu'au rivage de Sainte-Rosalie Mulége, avec les bœufs & les mulets qui appartenoient à la mission. Il n'y eut que trois charpentiers de la côte opposée qui l'aidèrent dans cette coupe, tous les autres étant des chrétiens de la Californie, ou des Gentils des

Communautés

Communautés voisines. Il les fit transporter par les sauvages des montagnes, qu'il prit occasion de civiliser & d'instruire des principes de la vertu & de la religion. C'est ainsi qu'il vint à bout de faire construire un vaisseau, qui, au jugement des constructeurs de l'Amérique & des Philippines, l'emportoit pour la beauté, la grosseur, la force & les proportions sur tous ceux qu'on avoit vus sur ces côtes; & cela en si peu de tems, qu'il le fit lancer à l'eau au mois de Septembre 1709, & le nomma le Triomphe de la Croix. La construction de ce vaisseau acheva d'épuiser les provisions & l'argent de la mission, ce qui n'empêcha pas les Indiens de prendre leur pitance ordinaire. Il n'épargna pas même les présens que lui avoient fait les amis qu'il avoit au Mexique; & cependant lorsqu'on vint à examiner les comptes, on trouva qu'il coûtoit beaucoup moins que si on l'eût acheté dans la Nouvelle-Espagne.

Pendant que l'on construisoit ce vaisseau dans la Californie, le seul de son espèce qu'on eût vu jusqu'alors, la mission reçut un nouveau vaisseau & un nouvel Agent, pour diriger ses affaires temporelles. La barque du Pérou que le Viceroi avoit donnée ayant péri dans le mois d'Août 1719, & la Californie se trouvant réduite à l'étroit par les dépenses ordinaires & extraordinaires qu'il avoit fallu faire à Mulége pour l'entretien des nouveaux soldats & des ouvriers, le frère Jacques Bravo se rendit en qualité d'Agent ou de Procureur sur la côte de Cinaloa, pour y acheter les provisions & les effets dont on avoit besoin. Il trouva en y arrivant des lettres du père Alexandre Romano son Provincial, par lesquelles il lui ordonnoit de la part du père Tamburini, Général de l'Ordre, de se rendre à Guadalaxara, pour y recevoir la Prêtrise, pour qu'il pût faire la fonction de Missionnaire dans la Californie. Le Frère fut extrêmement surpris de cet ordre, mais il fallut obéir. Etant donc arrivé à Guadalaxara, il y reçut au bout de trois jours les ordres des mains de Don Manuel de Membela, lequel lui témoigna une affection vraiment paternelle. De-là il fut au Mexique, par ordre du même Provincial, pour y rendre compte de la mission. On avoit un très-grand besoin de vaisseau; car, quoique la Belandre fût achevée, elle étoit plus propre pour faire des découvertes, que pour transporter des marchandises & des provisions. Ce fut ce qui l'obligea à en faire la demande au Marquis de Valero comme Viceroi. Celui-ci renvoya le Mémoire au Trésorier, à la chambre des Comptes & à celle du Conseil, qui avoit été chargée jusqu'alors des affaires de la Californie. Le Conseil ordonna le 15 de Mars 1720, que l'on remît au frère Jacques la barque dont le Viceroi avoit parlé, avec les armes & les agrès nécessaires. La barque n'étoit point à Acapulco, mais à Guatulco, de manière qu'elle ne fut de retour qu'au mois de Juin. Sur ces entrefaites, le Marquis de Villa-Puente qui sentoit la nécessité qu'il y avoit de civiliser & de réduire les Guaycuras, avança le fond ordinaire pour établir une nouvelle mission à la Paz,

Z ij

& voulut en même tems que le père Bravo en fût le Fondateur. Celui-ci accepta d'autant plus volontiers son offre, qu'il craignoit extrêmement pour cette entreprise. Il fit voile au mois de Juillet avec sa nouvelle barque pour Acapulco, portant avec lui les hardes, les utensiles nécessaires pour la garnison & la mission. Il toucha à Matanchel pour y prendre des provisions, & arriva au mois d'Août dans la baie de Saint-Denys, où il trouva la nouvelle belandre.

La même année 1720 fut remarquable par la fondation de deux nouvelles missions, l'une au midi & l'autre au nord de Lorette, lesquelles en assurant la conquête, contribuèrent beaucoup aux progrès du Christianisme. La première & la plus nécessaire étoit celle de la baie de la Paz, à 80 lieues de Lorette, parmi les Guaycuros, qu'on nomme Pericues dans ces contrées. Ce nom de Guaycuros leur fut donné dans les premières expéditions, sur ce que les soldats entendirent les Indiens s'appeller les uns les autres *Guaxoro, Guaxoro*, mot qui dans leur langue signifie ami. Ils les appellèrent depuis ce tems-là Guaxoros, & dans la suite Guaycuros. Depuis l'expédition de l'Amiral Orondo, ces Indiens se sont toujours méfiés des Espagnols, & ont fait la guerre à tous ceux qui sont venus sur leurs côtes. Les deux partis en souffroient également, y ayant toujours quantité de personnes de tuées ou de prisonnières dans ces sortes de rencontres. Il étoit donc à craindre que ces Guaycuros n'excitassent tôt au tard une révolte, même parmi les nations converties ; c'est ce qui engagea le père Salva-Tierra à leur faire cette visite infructueuse dont on a parlé. Il falloit entrer tout-à-la fois dans leur pays par terre & par mer ; par terre, pour ouvrir une communication avec Lorette, & civiliser les nations qui sont entre deux, & par mer, pour transporter plus aisément les hommes, les provisions & les autres choses nécessaires pour une entreprise aussi dangereuse. On confia l'expédition par terre au père Clément Guillen, Missionnaire de Saint Jean Baptiste Ligui.

Le père Ugarte se chargea de celle par mer, & essaya pour la première fois la belandre Californienne, appelée le Triomphe de la Croix. Il s'embarqua avec le père Bravo, lequel desiroit ardemment d'entrer dans sa mission le 1 de Novembre 1721, & étant heureusement arrivés à la Paz, on débarqua les troupes avec tout le soin & l'ordre requis dans un pays ennemi. Mais il parut bientôt que le danger n'étoit point aussi grand qu'on se l'étoit imaginé; car quoiqu'on eût apperçu de loin quelques Guaycuros armés, ils ne virent pas plutôt avancer les Pères avec un interprète Indien, qu'ils s'assirent par terre, pour leur donner à connoître leurs dispositions pacifiques. Les Missionnaires leur distribuèrent quelques pièces de gros drap, des couteaux, des rasoirs & quelques autres utensiles & babioles semblables, accompagnant leurs présens de quantité de gestes affectueux. Ils les reçurent avec beaucoup de joie, & parurent en faire grand cas. On leur fit dire par les interprètes Indiens que les Pères venoient en qualité d'amis, & dans le deſſein de les reconcilier avec les habitans des îles de Saint-Joſeph, du Saint-Eſprit, & autres peuples voiſins, qui portoient une haine mortelle aux Guaycuros, & qui en avoient maſſacré un grand nombre. Ils parurent en être très-contens, mais on s'apperçut pendant pluſieurs jours qu'ils craignoient les ſoldats; ils s'y habituèrent enfin, & vinrent les trouver, même des Communautés les plus éloignées, y étant principalement encouragés par les trois priſonniers que le père Salva-Tierra avoit laiſſés, & qui avoient eu ſoin de leur vanter le bon traitement qu'on leur avoit fait à Lorette. Cela joint au talent ſingulier qu'avoit le père Ugarte de ſe faire reſpecter & aimer des ſauvages, donna une ſi bonne tournure aux affaires, que l'on conſtruiſit des berceaux & des huttes pour les loger, & qu'on éclaircit un terrein pour bâtir l'Egliſe & le village. On débarqua les proviſions & les bêtes qui étoient ſur la Belandre, & l'on fonda la nouvelle miſſion, ce qui cauſa une joie inexprimable aux Guaycuros.

On étoit cependant inquiet de ne recevoir aucune nouvelle de la compagnie du père Guillen. Il étoit parti avec quelques soldats & quelques Indiens, mais la route étoit si mauvaise, qu'ils furent obligés de faire plus de 100 lieues avant d'arriver à la vue de la baie, où ils virent la belandre, qu'ils saluèrent d'une décharge de mousquèterie. On envoya sur le champ des bateaux pour les chercher, & ils débarquèrent sans trouver la moindre opposition de la part des Guaycuros, & sans que ceux-ci témoignassent la moindre crainte. Le père Ugarte séjourna trois mois à la Paz, & se fit extrêmement aimer des Sauvages. Il négocia la paix entre eux & les Insulaires, & engagea même ces derniers à venir s'établir dans le Continent, où les deux parties se donnèrent réciproquement des marques d'une parfaite reconciliation. Ils le prièrent instamment de les soustraire à la tyrannie de divers autres peuples. En conséquence il laissa le père Bravo avec quelques soldats pour veiller à leur sûreté, & s'embarqua vers la fin de Janvier 1721 pour Lorette ; les Ligui retournèrent par les nouvelles routes qu'on avoit pratiquées dans ces déferts. Le père Bravo, comme on vient de le dire, étoit refté avec un petit nombre de foldats. Il commença dans cette miffion, de même que dans toutes celles qu'il fonda depuis, à apprendre la langue du pays ; après quoi il bâtit une églife, un prefbytère & des huttes, & s'attacha avec la plus grande affiduité à gagner l'affection des Indiens, à les civilifer, les inftruire & les affifter dans tout ce qui dépendoit de lui. Il continua ces devoirs véritablement chrétiens jufqu'en 1728, qu'il retourna à Lorette, pour affifter le père Piccolo, que fon grand âge & fa mauvaife fanté empêchoient de vaquer aux fonctions de fon miniftère. Il batifa dans l'efpace de fix ans plus de 600 enfans & adultes, & augmenta la miffion de 800 adultes qu'il raffembla dans trois villages, favoir, Nueftra-Señora de Pilar de la Paz, Todos-Santos, & l'Angel de la Guarda. Il engagea plufieurs fauvages à vivre en paix avec leurs voifins, &

découvrit à 20 lieues de la Paz quelques cantons favorables pour le maïz, qu'il eut foin de faire cultiver.

Pendant le féjour que les trois Miffionnaires firent à la Paz, on fonda la miffion du nord fous la protection de Nueftra-Señora de Guadalupe, (Notre-Dame de la Guadeloupe). Pendant celui que fit le père Ugarte dans les montagnes pour faire couper les arbres dont il avoit befoin pour conftruire fa belandre, il infpira aux Cochimies de ces cantons tant d'amour pour le Chriftianifme, qu'il lui envoyoient tous les jours des meffagers, pour le prier de venir les vifiter une feconde fois. Le Père fe rendit à leurs prières, & partit avec le père Everard Helen, nouveau Miffionnaire qu'on avoit envoyé dans la Californie dans le mois d'Avril 1719. En fe rembarquant pour la Paz, il donna ordre de commencer cette fondation, & y envoya auffitôt après le père Helen, qui avoit commencé à apprendre la langue d'un Indien. Il partit fous l'efcorte d'un Capitaine & de quelques foldats, & arriva le 28 de Décembre 1720 à Huafinapi, à 60 lieues au nord de Lorette.

Ce pays est situé par le 27ᵉ degré de latitude septentrionale au centre d'une chaîne de montagnes, à 27 lieues nord-ouest de Saint-Ignace, & 30 de la Conception, son climat est froid & mal sain. Les Indiens y accoururent de toutes les communautés voisines, & témoignèrent beaucoup de joie de ce que le Père venoit vivre parmi eux. Il commença aussitôt à bâtir une église qu'il dédia à Notre-Dame de la Guadeloupe. Il fit aussi construire des cabanes & des huttes pour les Indiens; & ce qu'il y eut de plus extraordinaire dans cette occasion, fut que le Capitaine & les soldats, contre leur coutume ordinaire, mirent la main à l'œuvre. Au milieu de ces succès, il reçut aussi divers messages des Communautés les plus éloignées, par lesquels on le prioit de venir instruire les malades & les vieillards, qui étoient déja hors d'état de se rendre à la mission.

Dans ces entrefaites, le Capitaine & ses soldats avancèrent si fort les petits édifices de la miffion, qu'ils furent achevés au bout de fix femaines; après quoi le Capitaine s'en retourna, & laiffa quatre foldats au Père pour lui fervir de gardes, ne jugeant pas à propos d'en laiffer moins, à caufe de l'éloignement des lieux, & du peu de fond qu'il y avoit à faire fur les Indiens. Ceux-ci perfiftant toujours dans leur première ferveur, le père Helen batifa pour la première fois les adultes la veille de Pâques 1721, ce qui engagea plufieurs autres Communautés éloignées à lui demander la même grâce, mais le Père leur dit qu'il ne la leur accorderoit qu'après qu'ils feroient inftruits, & qu'ils lui auroient apporté les petites pièces de bois, les cheveux, les manteaux, les pieds de bêtes fauves, les perruques, & quantité d'autres chofes dont ils fe fervoient pour faire leurs preftiges & leurs fortiléges, comme l'avoient fait ceux qu'il avoit batifés. C'eft ce qu'il eut de la peine à obtenir, ceux d'entr'eux qui avoient le plus d'efprit fe fervant de ces fraudes pour s'attirer la vénération de leurs

compatriotes, & en obtenir ce dont ils avoient besoin. Il est vrai que le Père ne trouva chez eux aucune idolâtrie formelle, ni sortilége, ni pacte avec les malins esprits, ni autre chose semblable. Il se convainquit même par plusieurs exemples réitérés que ceux qu'ils appeloient des sorciers, étoient des francs imposteurs, qui prétendoient avoir reçu du Ciel le pouvoir de faire du bien ou du mal, & que ceux qui s'adonnoient le plus à ce commerce étoient les vieillards, lesquels ne pouvant plus aller chercher leur subsistance dans les montagnes & les forêts, se servoient de cet expédient pour vivre à leur aise & dans l'abondance. Ils se donnoient aussi pour médecins, & se vantoient d'enseigner aux enfans une infinité de choses utiles & surprenantes ; mais tout cela n'étoit qu'une imposture, & ils n'avoient en cela d'autre but que de subsister du travail d'autrui.*
C'étoit-là cependant ce qui retardoit

---

* *Voy. Part.* I. *Sect.* VII.

le plus les progrès du Christianisme, & de là vint que le père Helen, à l'exemple des autres Missionnaires, insista à ce qu'ils lui apportassent tous les instrumens de leur superstition. Les Indiens y consentirent enfin, & lui en remirent quantité qui fit brûler publiquement.

Les deux années suivantes 1722 & 1723 furent extrêmement funestes à la Californie, & particulièrement à la nouvelle mission de Guadeloupe. L'an 1722, toute la Péninsule fut infestée d'une multitude prodigieuse de sauterelles, qui prenant leur vol interceptoient quelquefois la lumière du soleil. Elles détruisèrent entièrement les pitahayas & les autres fruits dont les Indiens font leur principale nourriture, de manière que si les Pères n'eussent eu soin de leur distribuer du maïz, il en seroit mort un très-grand nombre de faim. Mais comme il n'y en avoit pas assez pour les nourrir, surtout à Guadeloupe, les Indiens entreprirent de détruire ces insectes, pour prévenir un pareil malheur l'année suivante, & s'en nourfirent dans la difette où ils fe trouvoient : mais ils leur causèrent des maladies épidémiques compliquées d'ulcères malins, qui en firent périr une grande quantité. Il eft impoffible d'exprimer les peines que fe donna le père Helen, dans cette occafion pour procurer du fecours aux pauvres Californiens. Il étoit fans ceffe à courir d'une Communauté à l'autre dans ces montagnes efcarpées, faifant les fonctions de confeffeur, de prêtre, de nourriffier & de père. Son cœur étoit pénétré de la plus vive douleur à la vue de tant de maux compliqués ; mais rien ne le toucha plus que le récit qu'on lui fit de l'inhumanité monftrueufe de quelques Communautés, qui, lorfque quelque Indien tomboit malade, & avoit encore chez lui de quoi fubfifter, l'enterroient tout vivant, où le couvroient de broffailles, & le laiffoient périr.

A peine cette épidémie eut-elle ceffé, qu'il furvint l'année fuivante 1723 une dyfenterie qui fit un ravage affreux. Le Père ne rabatit rien de fon premier zèle, & fe ménagea si peu, qu'il contracta une hernie très-dangereuse, & une fluxion sur les yeux, accompagnée de douleurs si aiguës, qu'il fut obligé de se retirer pour quelques mois à Lorette, & l'on envoya un autre Religieux en sa place. Il ne fut pas plutôt guéri qu'il retourna à sa mission, où ses Indiens le reçurent avec toutes les marques possibles d'estime & de vénération. Pouvoient-ils en effet en agir autrement, après avoir été témoins des soins qu'il avoit pris de 228 adultes chrétiens de diverses Communautés qui moururent dans ce tems-là, indépendamment de quantité d'autres, qui, après Dieu, durent entièrement la vie aux secours qu'il eut soin de leur procurer. Il profita de cette bonne volonté des Californiens pour étendre la Religion Chrétienne, au point que le père Jean de Gandulain, dans la visite qu'il fit en 1726, ne trouva pas moins de 32 communautés converties, lesquelles contenoient 1707 chrétiens de tout âge & de tout sexe. Quelques-uns de ceux-ci furent incorporés à la mission de Sainte-Rosalie falie Mulége, & les autres à celle de Saint-Ignace, que l'on fonda depuis, fa situation ayant paru plus commode pour eux. Il y eut vingt communautés dispersées dans les montagnes, qui restèrent attachées à la mission de Guadeloupe, selon que l'eau le leur permit. Les Pères en formèrent cinq villages, qui avoient chacun leur chapelle, où les Indiens continuèrent de vivre avec l'ordre & la dévotion qu'on a vu ci-dessus. On reconnut que les montagnes étoient hors d'état de produire du grain ; & de là vint que le Père eût soin de leur procurer quelques bestiaux, qui joints au maïz qui leur distribuoit, contribuèrent à les faire subsister. Le terrein produit encore quelques fruits & quelques végétaux, qu'ils vont cueillir par petits détachemens. Il n'y a point de travaux sous lesquels la nature ne succombe, lorsqu'ils sont violens & continuels ; aussi le père Helen retomba dans sa première maladie, indépendamment de plusieurs autres qui s'y joignirent. Il vouloit cependant mourir parmi ses Indiens, mais ses Supérieurs qui s'intéressoient plus à sa conservation qu'il ne le faisoit lui-même, l'envoyèrent dans la Nouvelle-Espagne, & il quitta la mission de Guadeloupe à la fin de l'année 1735.

SECTION XV.

Le père Guillen va reconnoître la côte occidentale, & le père Ugarte celle du golfe de Californie jusqu'au Rio-Colorado. On découvre trois ports sur celle de la mer du sud.

ON desiroit depuis longtems de découvrir sur la côte occidentale de la Californie un port commode pour les vaisseaux des Philippines, & ce desir se ranima a l'occasion de l'ordre qu'on reçut de Son Excellence le Marquis de Valero, lequel pour se conformer aux ordres de la Cour de Madrid, prenoit les mesures nécessaires pour établir des colonies & des garnisons sur cette côte. Il falloit trois opérations pour exécuter ce dessein. La première étoit de reconnoître exactement par mer toute la côte méridionale depuis le cap de Saint-Lucas en tirant vers le nord, comme l'avoit fait dans le siècle passé le Capitaine Viscaino.

A a ij

Mais c'est ce que les Jésuites étoient hors d'état d'exécuter malgré la confiance qu'avoit le père Ugarte d'y réuſſir. Car ſi avec quantité de bons vaiſſeaux parfaitement bien équipés & ravitaillés, ſi avec les reſſources que l'on trouvoit dans le tréſor royal, le voyage de cet Officier fut accompagné de tant de dangers, de délais & de contretems, comment la miſſion de Californie pouvoit-elle tenter cette entrepriſe avec ſes vaiſſeaux, ſes proviſions & ſes gens? La ſeconde opération étoit d'aller à la découverte de ce port par terre. On l'avoit tenté pluſieurs fois, & avec des frais immenſes, ſans avoir pu y réuſſir; car après avoir parcouru par terre différentes parties des côtes oppoſées, on n'avoit pu trouver un port tel qu'on le cherchoit, & d'ailleurs le terrein n'étoit point propre pour un pareil établiſſement, n'y ayant ni eau, ni bois, ni pâturages, ni terres labourables le long de la côte. Il n'y avoit même point d'apparence que l'on trouvât une contrée plus favorable, vu que la côte ne s'étend pas plus loin vers le nord que jusqu'aux missions qu'on a fondées. Cependant, pour prévenir les plaintes qu'on eût pu faire contre les Missionnaires, on chargea le père Clément Guillen de tenter de nouveau l'aventure. La troisième opération relative au même dessein, étoit de reconnoître le golfe de Californie, & de déterminer si cette péninsule étoit contiguë au continent de la Nouvelle-Espagne, comme l'assuroit le père Kino, ou si c'étoit une île, & si le golfe se déchargeoit par quelque passage inconnu dans la mer du sud, en-deçà, ou au-delà du Rio-Colorado, comme on le croyoit alors au Mexique, où l'on ne se faisoit pas scrupule de traiter les découvertes du père Kino, de chimères, malgré l'applaudissement qu'elles avoient eu en Europe. Supposé que la Californie fut contiguë au continent, le projet qu'avoient formé les pères Kino & Salva-Tierra d'étendre leurs missions respectives, subsistoit dans toute sa force, encore qu'ils n'eussent pu l'éxécuter. Le plan du père Kino étoit relatif à celles de Pimeria, & celui du père Salva-Tierra à celles de la Californie ; & on devoit les étendre jusqu'à ce qu'elles se joignissent sur les bords du Colorado, par le 33ᵉ ou 34ᵉ degré de latitude. Cela fait à l'aide de leurs efforts réunis, & des secours qu'ils eussent pu se procurer par terre, ils eussent étendu leurs territoires respectifs dans des contrées dont la bonté du sol les eût suffisamment dédommagés des peines qu'ils auroient prises de le cultiver, & ils auroient poussé de la sorte jusqu'à la côte du fameux port de Monte-Rey, & au cap Mendozino, lequel gît par le 37ᵉ ou 40ᵉ degré de latitude, où l'on eût établi un port commode pour les vaisseaux des Philippines. Le père Ugarte se chargea de reconnoître le golfe, malgré les difficultés & les dangers de cette entreprise ; & pendant qu'il faisoit les préparatifs nécessaires, il pria le père Guillen d'exécuter l'expédition dont on l'avoit chargé.

On sçavoit par la relation du Capitaine Viscaino, qu'étant arrivé à la latitude de 24 ou de 25 degrés, il avoit découvert sur la côte de la mer du sud une baie spacieuse, où les vaisseaux étoient à l'abri de la violence des vents & des flots, à laquelle il avoit donné le nom de la Magdeleine. Comme cet endroit avoit déja été découvert par mer, & qu'il n'étoit pas difficile de le reconnoître par terre, ce fut aussi vers lui que le père Clément Guillen dirigea sa course l'an 1719, accompagné du Capitaine Don Estevan Rodriguez Lorenzo, d'un détachement de soldats, & de trois corps d'Indiens armés à la manière du pays. Ils voyagèrent pendant vingt-cinq jours avec toutes les peines & les fatigues auxquelles on doit naturellement s'attendre dans un pays aussi rude & aussi stérile ; & comme les Indiens prenoient l'allarme à la vue de ces étrangers, ils étoient obligés de marcher avec le plus d'ordre & de circonspection qu'ils pouvoient. Ils arrivèrent enfin à la baie de la Magdelaine, laquelle est dans le district de la mission de Saint-Louis de Gonzague, qu'on a fondée depuis. Cette baie est entourée de toutes parts de hautes montagnes qui la mettent à

l'abri des vents, elle a environ demi-lieue de large, & s'étend vers le cap de Saint-Lucas. Ils trouvèrent auprès une communauté d'Indiens, avec lesquels ils lièrent amitié, au moyen de quelques petits préfens qu'ils leur firent. Ils leur demandèrent où il y avoit de l'eau, & ils leur dirent qu'il n'y en avoit point d'autre que celle d'un puits creufé dans le fable, dont les Indiens fe fervoient pour les différens befoins de la vie. Ils ajoutèrent qu'il y en avoit beaucoup dans une île voifine appellée Sainte-Rofe, où ils alloient fouvent ; mais ils ne purent s'y rendre faute de bateaux. Ils ne trouvèrent point ces coquillages couleur d'azur, ni ces lits de perles, qu'on difoit être fi communs fur cette côte. Comme ils fçavoient que la baie avoit deux entrées, le Capitaine détacha quelques-uns de fes foldats pour aller reconnoître celle du côté du fud, avec ordre de fuivre le cours du ruiffeau, & d'obferver fi l'autre bras de la baie qui forme le port du Marquis, fourniffoit de l'eau douce. Ils découvrirent cette feconde embouchure, mais ils
trouvèrent

trouvèrent que le ruisseau, avant d'arriver à la mer, traversoit quelques étangs d'eau saumâtre, de manière qu'il étoit impossible que les vaisseaux pussent y faire aiguade. Cette découverte les engagea à reconnoître tout ce canton; mais ils rencontrèrent dans quelques endroits des rochers inaccessibles, & dans d'autres des marais impraticables qui les obligèrent à prendre un détour pour arriver à la communauté de Saint-Benoît d'Aruy, à quatre lieues de la mer, où les Indiens leur dirent qu'il n'y avoit point d'eau sur la côte. Tous nos gens se rendirent dans cet endroit, & le père Guillen mit tout en usage pour les engager à reconnoître ce qui restoit de la côte, du moins aussi avant qu'ils pourroient du côté du sud. Le Capitaine & les soldats refusèrent de le faire, & les Indiens le pressèrent de retourner à Lorette. Le père Guillen fut donc obligé d'abandonner cette entreprise & de s'en retourner ; il prit avec lui quelques Indiens de la côte pour lui servir de guides, & arriva à Lorette au bout de quinze jours.

après avoir fait environ soixante & dix lieues de marche.

L'entreprise dont le père Ugarte s'étoit chargé, fut plus heureuse, mais ce bonheur fut compensé par les fatigues & les dangers qu'il eut à essuyer. Il partit le 15 de Mai 1721 de la baie de Saint-Denys de Lorette avec la belandre appellée le Triomphe de la Croix, menant avec lui une chaloupe appellée la Sainte-Barbe, qui avoit six pieds de largeur, onze de quille, mais qui n'étoit point pontée. Elle étoit destinée à sonder, & à reconnoître les endroits où la Belandre ne pouvoit approcher. Il y avoit à bord de la Belandre vingt personnes, parmi lesquelles étoient six Européens, dont deux avoient passé le détroit de Magellan; & un autre, qui indépendamment de la connoissance qu'il avoit acquise de l'Océan Atlantique, avoit fait un voyage aux Philippines, & avoit été conduit prisonnier à Batavia, lorsque le Galion fut pris au cap Saint-Lucas. Il y en avoit un autre qui avoit fait plusieurs voyages à Terre-Neuve, tous les autres étoient des Indiens du pays. Le pilote, appellé Guillaume Eſtrafort, étoit très ſçavant & très-entendu dans ſa profeſſion. Il y avoit ſur la Pinaſſe ou chaloupe huit perſonnes, ſavoir, deux Chinois ou Philippins, (ces deux mots ſont ſynonimes dans la Nouvelle-Eſpagne) un Indien Hiaqui, & cinq Californiens. Ils prirent très-peu de proviſions, eu égard à l'incertitude du voyage qu'ils alloient faire, ſe flattant d'en trouver autant qu'ils en auroient beſoin ſur la côte oppoſée des Seris, ainſi que le leur avoit dit, un an auparavant un Miſſionnaire de Pimeria. Ils ſe rendirent par un très-bon vent à la baie de la Conception & à la rivière Mulége, où le père Ugarte fut viſiter la miſſion de Sainte-Roſalie, & le père Siſtiaga qui la déſervoit. Ils commencèrent dès cet endroit à lever la carte de la côte de la Californie juſqu'auprès des îles de Sal-ſi-puedes, d'où traverſant le golfe, ils ſe rendirent au port de Sainte-Sabine, & à la baie de Saint-Jean-Baptiſte qui ſont près de ces îles ſur la côte des Tepocas & des Seris.

Ils arrivèrent dans ce port au bout de cinq jours, mais ils ne trouvèrent point d'Indiens sur le rivage, quoiqu'avant de débarquer ils en eussent vu un, qui après avoir planté une croix dans le sable se retira. Nos gens s'en approchèrent aussitôt avec des grandes marques de respect; là-dessus l'Indien fit un cri, & aussitôt ses camarades, qui s'étoient cachés, & qui avoient apperçu une croix au haut du beaupré de la belandre, vinrent les trouver sans témoigner la moindre crainte, leur faisant toutes sortes de signes de paix & d'amitié. Le père Salva-Tierra leur avoit appris ces signes, & leur avoit recommandé de faire un bon accueil à tous les équipages des vaisseaux qui porteroient une croix, parce qu'ils appartenoient aux Missionnaires de la Californie.

Les Indiens étoient si impatients de voir le Père, qu'au lieu d'attendre qu'il fût débarqué, plusieurs se jetèrent à la nage, & furent le trouver à bord, lui embrassèrent les genoux, lui baisèrent les mains & le visage, & lui donnèrent mille autres marques d'amitié. Le Père répondit à leurs politesses, & régala tant ceux qui étoient venus le trouver, que ceux qui étoient restés sur la côte. Il y en eut deux qu'il chargea d'une lettre pour le Missionnaire de Saint-Ignace, qui lui avoit offert des provisions, après leur avoit fait présent d'une robe de canevas, & de quelques babioles. On débarqua ensuite les tonneaux qui étoient vuides, ce qui parut occasionner une dispute parmi les Indiens. Ils se retitèrent, donnant à entendre par leurs gestes qu'ils alloient chercher de l'eau pour les remplir, & qu'ils reviendroient le lendemain. Nos gens voyant que la nuit approchoit, retournèrent à bord pour plus grande sûreté. Les Indiens revinrent le lendemain de très-grand matin par troupes, avec des vaisseaux pleins d'eau. Les hommes en portoient chacun deux dans des poches de filet pendues aux deux bouts d'une perche qu'ils portoient sur leurs épaules, & les femmes un. Le Père les récompensa de ce service, & ils le prièrent instamment de vouloir bien visiter les Indiens des

Bb ij

îles voisines, avec lesquels ils étoient alliés. Il se rendit à leurs desirs, & partit dès le soir même avec deux Indiens de la côte. Le lendemain matin à la pointe du jour, il se trouva dans un canal fort étroit, qu'il crut séparer l'île du continent, sur quoi il résolut de l'examiner. Pour cet effet, il fit avancer le canot & la pinasse, mais il se trouva peu de tems après dans un endroit, d'où il eut toutes les peines du monde à sortir. Le canal étoit fort étroit & fort sinueux, & de plus rempli d'une si grande quantité de basses, que quoique le pilote marchât le premier avec la chaloupe pour lui servir de guide, la belandre toucha plusieurs fois, & fut sur le point de périr; mais on se tira à la fin de ce mauvais pas. Il arriva un autre accident qui les mit fort en peine, & ce fut que le canot & la pinasse furent emportés par le courant, au point qu'on les perdit de vue, ce qui obligea la belandre de remonter le canal malgré les dangers qu'elle couroit à le faire.

Enfin, après avoir marché trois

jours dans des dangers continuels, ils arrivèrent à l'entrée du canal, où ils trouvèrent la chaloupe & la pinasse, mais au lieu d'entrer dans le golfe, comme ils se l'étoient imaginés, ils se trouvèrent dans une baie large & spacieuse, d'où ayant apperçu l'île où ils alloient, ils s'y rendirent sans essuyer la moindre difficulté ni le moindre danger. La pinasse alloit devant & lorsqu'elle fut à la portée d'un coup de mousquet du rivage, on découvrit les peuples qui l'habitoient armés d'arcs & de flèches à la mode du pays, avec une espèce de pot en tête fait de plumes d'oiseaux, lesquels jetoient des cris affreux, dans la vue d'intimider les gens qui la montoient. Là-dessus, les Indiens leurs compatriotes gagnèrent le rivage à la nage, & leur dirent que le Père venoit leur faire visite, & qu'il étoit à bord du vaisseau qu'ils voyoient ; sur quoi ils quittèrent leurs armes, reçurent nos gens avec de grandes démonstrations de joie, & les conduisirent dans un port où ils trouvèrent de la bonne eau, en un excellent ancrage. La belandre vint y mouiller, mais le père Ugarte fut attaqué de douleurs si violentes depuis la ceinture en bas, qu'il lui fut impossible de mettre pied à terre. Il avoit contracté cette maladie dans le port des Seris, pour s'être mouillé en débarquant, mais cela ne l'empêcha pas d'aider les matelots à remplir les pipes. Les insulaires voyant que le Père ne venoit point, construisirent treize radeaux, sur lesquels cinquante Indiens vinrent à bord de la belandre, pour le prier de venir dans leur île, où ils avoient préparé une maison pour le recevoir. Quoique le mouvement lui fut extrêmement contraire, il monta dans sa chaloupe, & lorsqu'il fut arrivé à terre, les matelots & les Californiens le portèrent dans son logement, où les insulaires l'attendoient sur deux haies, l'une d'hommes & l'autre de femmes. Sa maison étoit faite de branches d'arbres & avoit deux portes. Après qu'il fut assis, les insulaires entrèrent les uns après les autres sans le moindre tumulte, d'abord les hommes, & ensuite les femmes. Ils entrèrent par une porte, & passèrent devant lui en s'inclinant, pour qu'il pût imposer ses mains sur leur tête, ce qu'il fit avec des grands sentimens de tendresse, après quoi ils sortirent par l'autre, & tout se passa dans un ordre admirable. Tout le cérémonial se réduisit à cette visite passagère, tous les Indiens s'assemblèrent ensuite autour de lui, & malgré les douleurs dont il étoit tourmenté, il se tint sur son séant, pour leur témoigner plus de politesse. Il leur recommanda de se rendre à la mission de Populo, qui est à deux ou trois journées de la côte voisine, & d'amener dans leur île un Indien *Temachtian* ou catéchiste qui pût les instruire. Le Père resta peu de tems chez eux, ayant été obligé de retourner sur la côte, pour y prendre des provisions. Il se rembarqua, & continua sa route jusqu'à l'embouchure de la petite rivière Caborca.

Le seul endroit convenable qu'il trouva sur la côte, fut une petite baie ouverte, où il mouilla. Il envoya la pinasse pour reconnoître la côte plus avant vers le nord, & obſerver les ſignaux de Pimeria qui s'y trouvent, & qui conſiſtent dans quelques bancs de ſable qui ſont au-deſſus de Coſta-Brava. Il détacha auſſi trois hommes pour l'aller reconnoître par terre. Ceux-ci revinrent au bout d'un jour ou deux, & rapportèrent qu'ils n'avoient trouvé aucune baie ſur la côte, mais ſeulement un puits d'eau bourbeuſe, un ſentier, & les pas d'un mulet. Là deſſus, le Père détacha deux matelots, leſquels ayant ſuivi la piſte du mulet, arrivèrent le troiſième jour à la miſſion de la Conception de Caborca, où ils trouvèrent le père Louis Gaillardi, qu'on y avoit envoyé depuis peu. Ils lui remirent les lettres dont le père Ugarte les avoit chargés pour lui & pour le père Miſſionnaire de Saint-Ignace, qu'il prioit de lui envoyer les proviſions qu'il lui avoit offertes l'année précédente. Comme il avoit déja reçu la première lettre qu'il lui avoit faite tenir par les Seris, il partit auſſitôt avec les proviſions qu'il put ramaſſer, mais qui n'étoient pas en quantité ſuffiſante, les deux meſſages étant arrivés dans un tems où il en manquoit lui-même. Il est vrai que le père Ugarte lui avoit écrit qu'il étoit sensible à son offre, & lui avoit marqué le tems qu'il avoit fixé pour son expédition ; mais ces lettres ne lui furent point rendues, ce qui lui fit conclure qu'il avoit différé son voyage. Il ramassa aussi à Caborca les vivres dont il crut que la belandre pouvoit avoir besoin, & se rendit sur la côte où le père Ugarte attendoit le retour de ses messagers : mais ses douleurs augmentèrent si fort, qu'il fut obligé de se tenir continuellement à genoux, cette posture étant la seule qui le soulageât. Il y avoit déja douze jours que ses douleurs l'empêchoient de se rendre à terre ; il est vrai que le mauvais tems en fut en partie la cause, il s'embarqua deux fois sur le canot, & deux fois on fut obligé de le ramener dans l'île. Cependant sur l'avis qu'il eut de l'arrivée du Missionnaire de Saint-Ignace, il s'y rendit avec beaucoup de peine & de danger, & fit une lieue & demie pour aller à sa rencontre, & il trouva que l'exercice l'avoit extrêmement soulagé.

Le père fut fort chagrin de lui voir apporter si peu de provisions, & dans le besoin pressant où il se trouvoit, il prit les mesures nécessaires pour en tirer des habitations les plus prochaines des Pima Indiens, partie à crédit, & partie en échange pour les effets qu'il y avoit sur la Belandre. Il lui falloit aussi de l'eau, & elle étoit fort éloignée; cependant il vint à bout d'en avoir en très-peu de tems, en plaçant de distance en distance des gens qui se faisoient passer les vaisseaux de main en main. La mer étoit si agitée que peu s'en fallut que la belandre ne pérît. Elle avoit déja perdu un de ses cables, & son beaupré, quoique de *maria*, qui est une espèce de bois extrêmement fort, avoit été emporté par une vague, mais la mer en rejetta une partie dans la Belandre. Le tems s'étant remis au beau le lendemain, on arrêta le beaupré du mieux que l'on put, & l'on embarqua les tonneaux: mais l'équipage s'étant apperçu que la croix qui étoit au haut du beaupré s'étoit perdue, il en fut dans un abattement extrême : un Indien la retrouva peu de tems après, & on la remit en place.

Sur ces entrefaites, les gens de la belandre apperçurent de loin un jeune Californien, qui étoit parti avec la pinasse pour aller reconnoître la côte, ce qui leur fit croire pendant quelque tems que l'équipage avoit péri par la tempête ou par la famine, d'autant plus qu'ils sçavoient qu'il n'y avoit que pour une semaine de provisions à bord. Là-dessus quelques-uns d'entr'eux coururent la côte au nord & au sud pour en apprendre des nouvelles. Le Californien étoit suivi de trois de ses camarades, lesquels rapportèrent qu'après avoir essuyé un orage très-violent, ils étoient entrés dans une grande baie, où ils avoient mouillé la nuit à deux brasses d'eau, mais que le matin, ils avoient trouvé le vaisseau à sec, la mer s'étant retirée de plus de deux lieues, de manière qu'ils n'avoient pu distinguer l'eau de l'endroit où ils étoient, & qu'une partie de la quille étoit rompue; que se trouvant dans cette situation, ils avoient abandonné tous quatre la pinasse pour aller chercher de l'eau, & que ne voyant rien que la mort devant eux dans cette contrée déserte, les provisions étant presque consommées, ils avoient pris la résolution de ne plus retourner, mais de suivre la côte le mieux qu'il leur seroit possible, jusqu'à Hiaqui, en cas qu'ils n'eussent pas le bonheur de rencontrer la belandre. Là-dessus, on leur envoya aussitôt de l'eau & des provisions, & les gens de la pinasse, qui au retour de la marée, l'avoient tirée avec beaucoup de difficulté dans une crique, animés par ce secours inattendu, radoubèrent la quille, mirent à la voile, & joignirent la belandre le quatrième jour. Le 2 de Juillet, nos gens abandonnèrent de concert cette station dangereuse & ces côtes stériles, d'autant plus qu'après les observations exactes qu'ils avoient faites, ils s'étoient convaincus qu'il n'y avoit ni eau ni port où les vaisseaux pussent être en sûreté; car à l'égard des baies qu'on disoit être les limites de Pimeria, elles étoient formées par l'impétuosité des marées.

En conséquence, ils firent voile pour la côte de la Californie, ils traversèrent en trois jours le golfe, qui dans cet endroit, n'a pas plus de 40 lieues de large, mouillèrent à l'entrée du port, & envoyèrent la pinasse à terre : mais à la vue de ce vaisseau, les Indiens se présentèrent en armes sur le rivage, & ayant tiré une ligne sur le sable, ils ménacèrent de mort ceux qui seroient assez osés pour passer outre. Nos gens vinrent cependant à bout de les appaiser par les signes & les petits présens qu'ils leur firent, de sorte qu'ils les abordèrent & les conduisirent à une communauté ou Aiguade; & de-là à une autre plus grande qui n'en étoit pas éloignée. Nos gens, à l'aide de ces recommandations, firent ainsi neuf lieues le long de la côte, & trouvèrent cinq aiguades, à chacune desquelles il y avoit une communauté, où on les reçut avec beaucoup de candeur & de franchise. La belandre continua pareillement sa route pour découvrir un port ou une baie, & après avoir doublé une pointe de terre qui avançoit bien avant dans la mer, elle arriva dans une grande baie où elle mouilla, la côte la mettant à couvert du vent de sud-est, qui étoit dans ce tems-là très-violent. Mais nos gens trouvèrent dans cet endroit une circonstance plus formidable que le vent même, savoir, la rapidité des courans, qui empêchèrent le vaisseau de présenter la pointe au vent, & l'entraînèrent comme l'eût pu faire une tempête violente. La pinasse s'étant approchée de terre pour chercher un port, le pilote Estrafort partit avec la chaloupe pour voir s'il ne trouveroit point au-dessus de la baie un endroit où l'on pût mouiller. On perdit à l'instant la chaloupe de vue, & on ne la revit que le lendemain; elle venoit par le travers & en si mauvais état, qu'on eut toutes les peines du monde à sauver l'équipage.

Le Pilote rapporta, qu'ayant laissé un jour la chaloupe sur le rivage, lui & ses compagnons s'en furent chez une communauté, où les Indiens le reçurent avec toutes sortes de marques d'amitié, & qu'il leur fit quelques qués petits présens ; mais que dans ces entrefaites la marée étoit retournée, non point à son ordinaire, mais avec un mugissement affreux, & que l'eau avoit monté tout-à-coup de plus de trois brasses ; que la chaloupe avoit été jettée à l'instant parmi les rochers, & s'étoit fendue en deux de poupe à proue ; que les Indiens étoient accourus à leurs secours, témoignant beaucoup de chagrin de l'accident qui venoit de leur arriver, & leur avoient fait entendre qu'il y avoit dans le voisinage du bois pour en construire une autre ; mais que la chose étant impraticable dans la situation où ils se trouvoient, ils n'avoient eu d'autre ressource que d'attacher les deux pièces ensemble avec les clous qu'ils avoient tirés des avirons ; qu'ils s'étoient servis de la ligne de sonde pour faire du fil de carret pour étouper les fentes, & que la terre-glaise leur avoit servi de poix & de goudron ; que cette opération les avoit occupés une grande partie de la nuit ; que les Indiens les avoient éclairés ; & en effet, on avoit apperçu la lumière de la belandre, & que le lendemain au retour de la marée, ils s'étoient mis en mer, rangeant la côte le plus près qu'il leur étoit poffible, pour pouvoir fe fauver en cas de malheur; qu'un d'eux étoit continuellement occupé à vuider l'eau, mais que comme ils approchoient de la belandre, elle les avoit tellement gagnés, qu'ils s'étoient crus perdus fans reffource. La pinaffe retourna peu de tems après, fans avoir pu découvrir un feul port dans l'efpace de 20 lieues. Elle rapporta encore qu'ils s'étoient trouvés dans une très-grande détreffe faute d'eau; mais que s'étant approchés du rivage ils avoient apperçu plufieurs Indiens, & leur avoient fait connoître par fignes leur befoin; que ceux-ci à leur tour leur avoient donné à connoître qu'ils les entendoient, & avoient envoyé deux femmes pour leur chercher de l'eau; qu'à leur retour ils étoient defcendus à terre fans aucune crainte, & en avoient pris tout autant qu'ils avoient jugé qu'il leur en falloit pour rejoindre la belandre, où ils fçavoient qu'on les attendoit avec impatience.

pour savoir l'issue de leur voyage. Là-dessus la belandre fit route une seconde fois au nord, & au bout de trois jours on s'apperçut que l'eau changeoit de couleur, étant tantôt grisâtre, tantôt noire, mais le plus souvent rougeâtre. Cette dernière couleur leur donna à connoître qu'ils n'étoient pas loin du Rio Colorado, ou de la rivière rouge ; de sorte que pour éviter les basses, ils avoient rangé la côte de Pimeria, toujours la sonde à la main ; que l'eau étoit extrêmement trouble au milieu du golfe ; qu'en approchant de la côte elle avoit dans quelques endroits sept, huit & dix brasses & plus de profondeur, variant ainsi sans qu'ils eussent trouvé aucun canal contigu ; qu'ayant mouillé près de l'embouchure de la rivière, du côté de Pimeria, ils avoient observé que deux de ses branches jetoient dans la mer, de l'herbe, des feuilles, des plantes, des troncs d'arbres, des souches brûlées, de la charpente &c. Après que les pluies eurent cessé, les équipages des vaisseaux furent d'avis de remonter la rivière pour faire des découvertes; mais le père Ugarte s'y opposa, à cause que les deux nuits précédentes, il avoit fait un orage accompagné d'éclairs, de tonnerres & de pluies violentes, lesquelles avoient occasionné les deux inondations qu'ils avoient observées dans la rivière; & que le tems n'étant point encore assuré, il étoit à craindre qu'il n'en survînt une seconde, & que si cela arrivoit pendant qu'ils seroient sur la rivière, ils périroient sans ressource. Il est bon de dire encore que le père Ugarte & plusieurs autres étoient dangereusement malades; c'est pourquoi ils traversèrent l'embouchure du Colorado à une distance convenable, & furent mouiller à quatre brasses de profondeur, craignant sans cesse de s'engraver dans les sables.

Il paroît, en comparant cette relation avec celle qu'à donné le père Ferdinand Consag en 1746, que le père Ugarte étant arrivé aux deux embouchures du Colorado, lesquelles sont séparées par une île, il ne traversa que celle qui est à l'orient de l'île, ou du côté de Pimeria, & qu'ayant mouillé entre deux, il vit de loin l'autre qui est à l'occident. Le père Ugarte découvrit distinctement de la même station le cap de Californie, lequel est contigu aux montagnes voisines, & n'est séparé de la côte de Piméra que par la rivière. S'il ne débarqua point à ce cap pour pousser plus loin ses découvertes, on doit s'en prendre, partie à son indisposition & aux maladies de son équipage, & partie aux observations qu'il avoit faites sur les marées. Elles reviennent dans ces contrées toutes les six heures avec une impétuosité sans égale, l'eau s'élève depuis trois brasses jusqu'à sept, & inonde le plat pays plusieurs lieues à la ronde, & l'eau retourne par conséquent avec la même violence, & cela étant, quel risque n'eût pas couru la belandre dans un endroit où il n'y avoit ni port, ni ancrage assuré. Il découvrit dans ces eaux les mêmes qualités nuisibles qu'à depuis observées le père Consag, savoir, d'exciter des pustules & des douleurs aiguës dans les parties les plus sensibles, lesquelles durent plusieurs mois. Cependant le Pilote qui rangea cette côte avec la pinasse, & qui débarqua dans plusieurs endroits pour la reconnoître & en lever la carte, fut également convaincu que ce cap étoit à l'extrêmité du golfe de Californie, & que les eaux qu'on voyoit au-delà, étoient celles du Rio-Colorado. S'il y eut eu un canal, on s'en fût apperçu par le moyen de la sonde, & il eût été large & profond. Le fond étoit composé d'une glaise visqueuse & gluante, qui s'attachoit à l'ancre. Aussi loin que la vue peut s'étendre on n'apperçoit aucun canal, & lorsqu'on est tourné vers le nord, on voit toujours la terre de tous côtés. Le danger & l'impétuosité des marées, tant dans cet endroit que sur les deux côtes, sont encore une preuve que le golfe ne va pas plus loin, car s'il se déchargeoit dans la mer du sud, elles ne s'éleveroient pas si haut, ni avec tant de violence, ce qui vient de ce qu'elles sont resserrées à l'extrêmité de leur course, & repoussées par celles du Colorado. Enfin, les gens de mer ayant tenu un conseil, ils décidèrent unanimement qu'il étoit impossible que la belandre pût rester plus longtems dans cette station critique, sans port & par un mauvais tems, que la pinasse n'ayant point de quille, avoit tout à craindre de la fureur des vents & des flots, & qu'il y auroit de la témérité à pousser plus loin. Le Conseil se termina par un cri général de bon voyage, & le 16 de Juillet de la même année 1721, qui étoit la fête de l'Exaltation de la sainte Croix, on leva l'ancre pour retourner dans la Californie.

Ils firent route le long du milieu du golfe, mais s'arrêtant tantôt sur une côte & tantôt sur l'autre, pour reconnoître les basses & les petites îles dont elles sont environnées. Il s'éleva dans ces entrefaites une tempête violente suivie de pluies abondantes, qui les eût infailliblement fait périr s'ils eussent remonté le Colorado comme quelques uns le proposoient. Le père qui étoit sur la Belandre, fit dire au contre-maître de la pinasse, que ce vaisseau n'ayant point de quille, il couroit risque de périr, que peu lui importoit de la perdre pourvu que l'équipage se sauvât, qu'il le prioit de l'abandonner, & de monter sur la belandre. L'intrépide pilote lui répondit, qu'il ne craignoit point les dangers de la mer, & que s'il vouloit lui donner des provisions, il retourneroit à Lorette, en rangeant la côte, pour pouvoir se sauver en cas de besoin. On lui en donna, & il continua sa route. La belandre arriva aux îles de Sal-si-puedes. (tire t'en si tu peux) : elles sont en très-grand nombre, & forment différens canaux à l'entrée d'une grande baie, à qui l'on a donné ce nom pour la distinguer des autres. Ils coururent dans cet endroit le plus grand danger où l'on puisse se trouver. Le vent & les courans étoient si violents, que pour se garantir du naufrage, ils furent obligés d'être plusieurs nuits sur le fer, d'où après quantité de tangages ennuieux, ils firent voile pour l'île de Tiburon, que je crois être la même que celle que le père Consag, dans ses cartes, appelle l'Ange Gardien

Gardien (*el Angel de la Guarda*); mais à peine y furent-ils, que les courans les entraînèrent à huit journées de marche du port. Ces courans ont une rapidité étonnante, & font le même bruit qu'un grand fleuve qui se précipite sur des rochers : ils ne suivent pas la même direction, mais forment chacun tout autant de tourbillons différens ; ce qui vient de la grande quantité d'îles qu'il y a dans cet endroit, & qui leur font prendre des directions différentes.

Ils s'habituèrent à la fin au danger à force d'y être ; mais ce qui encouragea principalement l'équipage, fut que pendant les trois mois consécutifs que dura la tempête, la croix qui étoit au haut du grand mât, fut éclairée par le feu Saint-Elme,* ce qu'il

---

* Feu volant, qui s'attache quelquefois aux mâts & aux vergues des vaisseaux. C'est un météore formé par les exhalaisons sulphureuses qui s'élèvent de la mer. Les matelots veulent que ce soit un sorcier sous la figure d'un globe de feu, & le poursuivent à coup de bâton. Ils invoquent aussi saint Elme, qui est le Patron des

regarda comme une marque de la protection divine, de sorte que malgré l'opposition des courans, il résolut de faire une troisième tentative, à laquelle ils mirent huit jours. Nos gens commencèrent enfin à perdre courage, & ayant apperçu un endroit convenable dans l'une de ces îles, ils vinrent y mouiller dans le dessein de descendre à terre. Cela étoit d'autant plus nécessaire, que parmi le nombre des gens qui composoient l'équipage il n'en restoit que cinq en état de manœuvrer, les autres étoient ou attaqués du scorbut, ou du mal de mer, & le père Ugarte lui-même, indépendamment de ses autres indispositions, avoit aussi quelques atteintes de scorbut. Ce fut en effet la Providence qui les conduisit dans cet endroit, car il s'éleva peu de tems après une tempête si violente, que si la belandre

---

gens de mer. Il paroît quelquefois deux de ces feux, & alors ils sont de bon augure; de sorte que bien loin de les craindre, les mariniers les saluent avec des sifflets, pour leur témoigner la joie qu'ils ont de les voir.

n'eût été à l'abri & parfaitement bien amarrée, elle eût infailliblement coulé à fond. Ils restèrent quatre jours dans ce port, mais les maladies du père Ugarte augmentèrent au point, qu'il résolut de se rendre en chaloupe sur la côte des Seris, & de-là par terre à Guaymas, au cas que la chose fût possible. Cette résolution jetta l'équipage dans une si grande consternation, que le Père lui promit de ne point l'abandonner, dût-il lui en coûter la vie. Les maladies diminuoient de jour en jour, & le samedi 18 d'Août, ils furent poussés par un bon vent au de-là du troisième courant de Sal-si-puedes, lequel prend son cours vers la côte de la Californie : on ne sçauroit exprimer la joie qu'ils eurent le Dimanche matin, lorsqu'ils virent trois arcs-en-ciel l'un sur l'autre audessus de l'île où ils étoient arrivés.

Ils remirent à la voile, s'imaginant qu'ils n'avoient plus aucun danger à essuier ; mais ils n'étoient pas encore arrivés à la baie de la Conception, qu'il s'éleva tout-à-coup une tempête, causée par un vent de nord-ouest par nord, si violente, qu'à peine eurent-ils le tems de ferler les voiles de perroquet, & de prendre deux ris à celle de misaine. Il survint une nuit obscure, accompagnée d'éclats de tonnerre effrayants, la pluie tomboit comme un torrent des nuées, & la mer faisoit un mugissement affreux, élevant ses vagues comme des montagnes. Mais ce qui augmenta leur terreur, fut qu'ils virent à la distance d'un peu moins d'une demie lieue, une trompe * qui s'avançoit vers eux. Si jamais ils implorèrent avec ferveur la protection

―――――――――――――――――

* C'est un tourbillon de vent qui se forme dans une nue opaque, & qui en descend en manière de colonne, en tournoyant sans quitter pourtant la nue pour aboutir jusqu'à la mer. Parvenue là, elle aspire l'eau qu'elle touche, & la laisse retomber subitement ; & malheur au vaisseau qui se trouve dessous ; il est inondé, & presque englouti. Il peut même être enlevé, ou du moins renversé, lorsque la trompe aspire ; cette aspiration étant si forte, & son mouvement de tournoiement si violent, qu'elle déracine des arbres. Ce qu'il y a encore de plus fâcheux, c'est que ce tourbillon est suivi d'une tempête violente.

de Notre-Dame & de la Sainte Croix, ce fut dans cet occasion. Le père Ugarte lui-même dit, que de tous les dangers qu'ils coururent dans ce voyage, celui-ci fut le plus grand. Cependant la Providence permit que le vent changea tout-à-coup, la trompe fut se décharger sur les montagnes de la Californie, & la belandre arriva heureusement au commencement de Septembre dans la baie de la Conception. Ils envoyèrent de-là des bateaux & des mulets chercher les provisions & les rafraîchissemens que leur envoyèrent le père Sistiaga & ses Indiens de Mulége, & dont ils avoient un besoin extrême pour se refaire de leurs fatigues passées. Les malades se rétablirent, ceux qui étoient en santé se reposèrent, & tous retournèrent à Lorette dans le milieu de Septembre, & y trouvèrent la pinasse, laquelle étoit heureusement arrivée quelques jours auparavant. Les avantages qu'ils tirèrent de ce reconnoissement du golfe, contribuèrent beaucoup à augmenter le plaisir que leur causoit le souvenir des dangers & des fatigues qu'ils avoient essuyées. On sçut alors qu'il y avoit des aiguades pour les vaisseaux dans différens endroits peu éloignés de la côte, & des Indiens qui se faisoient un plaisir de les enseigner aux étrangers; au lieu que la côte de Nouvelle-Espagne, depuis les Guaymas jusqu'aux Seris, en fournissoit très-peu, & encore étoient-elles éloignées d'une lieue du rivage. Depuis les Seris jusqu'à l'embouchure du Rio-Colorado, la côte est pour la plus grande partie escarpée & très-aride: depuis Caborca jusqu'au Colorado, il n'y a que trois aiguades, & peu ou point de pâturage, la côte étant pendant l'espace de plusieurs lieues sablonneuse & stérile, ce qui fait qu'on n'y voit aucun Indien. Le reconnoissement qu'a fait depuis le père Consag de la côte de Californie, confirme les observations du père Ugarte. Un second avantage qu'on tira de ce voyage, fut de savoir que les Cochimies qui habitent le long de cette côte, sont infiniment plus nombreux & plus généreux que les Indiens de la côte opposée, & même que ceux de la Peninsule. Car à l'égard des Seris & des Tepocas, quoique le Père se fût rendu chez eux, & leur eût offert toute sorte de satisfaction, il ne put jamais en obtenir le moindre secours, quoiqu'ils vissent la détresse où se trouvoient les équipages. Lorsque tout le monde mettoit la main à l'œuvre, ils restoient nonchalemment couchés par terre, & pendant quarante ans qu'ils ont connu les Missionnaires, ils ne leur ont jamais fait la moindre politesse. Ils avoient quelques misérables pots de terre dont on avoit besoin ; on leur en offrit le double de ce qu'ils valoient, & ils ne voulurent jamais nous les céder. Il n'en est pas de même des Californiens du nord : ils nous ont témoigné dans les occasions dont on a parlé, & dans quantité d'autres toute sorte de politesse, & se sont conduits avec la plus grande franchise. Quoiqu'ils n'eussent jamais vu des Missionnaires ni des vaisseaux sur leur côte, ils venoient nous trouver, & nous faisoient quantité de petits présens, avant d'en avoir reçu aucun de nous.

Ils ne fe furent pas plutôt apperçus que leurs hôtes ne vouloient point leur nuire, qu'ils fe hâtèrent de les fecourir felon leur pouvoir, & les aidèrent dans tous leurs travaux. Ils fournirent aux gens de la belandre tout autant de pots de terre qu'ils en voulurent, fans exiger aucun retour, & ils étoient auffi finis que s'ils euffent été faits au tour. Le père Ugarte vouloit en garder quelques-uns pour les montrer aux Miffionnaires. Je rapporte cette circonftance, parce que comme je l'ai obfervé dans un autre endroit, * il ne paroît pas que les Indiens des autres diftricts de la Californie, fachent employer l'argille à ces fortes d'ufages. Le Capitaine Woods Rogers rapporte la même chofe dans fon voyage de la mer du fud, & impute aux Californiens méridionaux la même lâcheté & la même pareffe dont le père Ugarte accufe les Seris. Mais voici un avantage qui l'emporte fur les précédents, & c'eft, qu'on

---

* Part. I. Sect. VI.

a découvert dans cette occasion quantité d'erreurs grossieres dans les anciennes cartes & les vieux journaux, qui plaçoient des îles, des rivières, des baies & des ports, là où il n'y en avoit aucun, & omettoient au contraire ceux qui se trouvent actuellement sur les deux côtes du golfe de Californie.

L'extrait de ce voyage que j'ai en main, n'entre point dans le détail d'aucune circonstance : s'il l'eût fait, je me serois fait un plaisir de les rapporter, parce qu'elles eussent fourni des connoissances infiniment supérieures à celles qu'on peut acquérir dans aucun autre voyage de cette espèce. Je me contenterai donc de dire que celui dont je parle répondit à sa principale intention, qui étoit de déterminer si la Californie étoit une île ou une péninsule adhérente au continent de la Nouvelle-Espagne. On fut alors convaincu que c'étoit une péninsule qui n'étoit séparée de Pimeria que par le Rio-Colorado ; & que ce qu'on disoit au Mexique des galions des Philippines, qui étoient entrés par un canal dans le golfe de Californie en revenant dans la Nouvelle-Espagne, étoit entièrement faux. On vit encore, que quand même il y auroit eu un canal de communication entre le golfe & la mer du sud, il eut été impossible à des vaisseaux aussi gros que les galions des Philippines de prendre cette route, à cause des tempêtes qui règnent dans ces mers, du peu de profondeur qu'on y trouve, de l'étroitesse du canal, de la rapidité & des différentes directions des courans.

On comprit alors que la seule méthode que l'on eût de procurer un azile à ces vaisseaux, étoit d'établir une colonie & une garnison dans quelque port convenable de la côte de la mer du sud ; & que pour les mettre à couvert de tout danger du côté de la terre, il falloit étendre les missions vers ce port, & réduire les habitans des deux côtés du golfe. On sçait maintenant à quoi attribuer le peu de succès de tant d'entreprises dont on a parlé dans les premières parties de cet ouvrage, indépendamment de plusieurs autres qu'on a faites dans différens tems avec moins d'éclat & de dépense, & qui n'ont pas été plus heureuses. Environ vers le même tems le père Tamarral reconnut en différens tems une grande partie de la côte septentrionale, depuis la mission de la Conception, & la parcourut presque toute entière vers le cap de Saint-Lucas, le Viceroi lui ayant recommandé de chercher les ports & les cantons où l'on pourroit établir des colonies & des garnisons; mais toutes ses recherches furent infructueuses. Ce fut dans la même intention que le père Ugarte, aussitôt après son arrivée à Lorette, ordonna que l'on fît les préparatifs nécessaires pour une nouvelle expédition, & pour reconnoître la côte méridionale aussi avant vers le nord qu'il seroit possible. Il envoya le Capitaine de la garnison avec un détachement de soldats à la mission de Sainte-Rosalie de Mulége, & delà, avec le père Sébastien de Sistiaga, à celle de Guadeloupe, où le père Everard Helen faisoit sa résidence. Ils partirent le 19 de Novembre de la même année 1721 de Guadeloupe, pour se rendre sur la côte, qu'ils parcoururent jusqu'au de-là du 28e degré de latitude. Ils eurent extremement à souffrir dans cette course, mais ils eurent aussi la satisfaction de découvrir trois différens ports avec des bonnes aiguades, & une quantité suffisante de bois, quoique le sol ne fût point susceptible de culture. Le port le plus grand & le plus sûr, & qui fournissoit aussi la meilleure eau, n'étoit pas fort éloigné du village Indien de Saint-Michel, & de la mission de Saint-Xavier, d'où les vaisseaux pouvoient tirer leurs provisions.

Ils retournèrent avec ces agréables nouvelles à Lorette, où le père Ugarte composa la relation de son voyage, à laquelle il joignit la carte & le journal du pilote Estrafort. Le père Sistiaga écrivit aussi celle de ses découvertes, & y joignit les plans des trois ports qu'il avoit trouvés; & l'on envoya la tout à Mexico au Viceroi, le priant de les faire passer à Sa Majesté & à son Conseil des Indes. J'ignore si ces journaux, ces cartes & ces relations arrivèrent ou non à Madrid ; mais tout ce que je sçai, est qu'on ne donna de part ni d'autre aucun ordre en conséquence. Il est bon encore d'observer ici, que malgré les soins qu'on se donna à Madrid, on ne put jamais trouver ces papiers, ni même obtenir qu'on les renvoyât à Mexico. Je suis persuadé que le lecteur eût été bien-aise de trouver ici le journal entier du père Ugarte, les relations des Pères qui découvrirent les différens ports, & un détail exact de latitude des différens caps; la situation & les vues des îles, des côtes, des ports & des baies; leurs observations sur les basses, les ancrages, les marées, les courans, les variations de la boussole, &c. Il est certain, du moins, que les cartes que l'on construisit dans ces expéditions sont essentiellement nécessaires pour se former une idée complette de ces découvertes, à quoi j'ajouterai que ces cartes, lorsqu'elles sont exactes, sont d'une utilité infinie dans ces sortes d'entreprises : mais malgré tous les moyens que j'ai de m'instruire de ce qui s'est passé, je me trouve dans la nécessité d'être le premier & le plus intéressé à me plaindre de ce qu'elles manquent. La seule chose qui me console, est que je n'ai rien négligé pour les retrouver, & j'espère, si mon ouvrage est de quelque utilité, & mérite l'approbation du public, de suppléer tôt ou tard à ce défaut, afin que les sujets de Sa Majesté puissent acquérir une connoissance aussi parfaite de ces contrées, que l'exigent les intérets du Royaume, & le bien de la Chrétienté.

SECTION XVI.

Le père Guillen fonde la Mission de Notre-Dame des Douleurs du sud*, & le père Napoli celle de San-Jago de Los-Coras.

LE soin des expéditions générales entreprises par les ordres de Sa Majesté & de ses Ministres, non plus que celui qu'on avoit d'en faire d'autres pour étendre cette conquête, n'empêchèrent point les Missionnaires, chacun dans son district, d'introduire la connoissance & la pratique de la Religion chez leurs paroissiens, d'augmenter le nombre des missions, & d'étendre ces établissemens chrétiens aussi loin que les circonstances pouvoient le permettre. Il étoit évident par les établissemens, les voyages & les reconnoissemens qu'on avoit faits

---

* Nuestra-Señora de Los-Dolores del sur.

dans le nord par mer & par terre, que ces contrées étoient moins stériles & plus abondantes en eau que celles du midi. On sçavoit encore que les peuples & les nations du nord étoient plus dociles, plus spirituelles, plus pacifiques & de meilleure foi, moins vicieuses & moins pétulantes, & par-conséquent plus disposées à recevoir l'Evangile, & à se conformer à ses préceptes que celles du midi. Le Missionnaire de la Paz avoit donné avis que la nation des Pericues & ses différentes branches, telle que les Guaycuros, les Uchities, les Coras & les insulaires étoient extrêmement vindicatifs, inquiets & remuants, & sans cesse occupés à se détruire les uns les autres, & qu'à moins qu'on ne les convertît tous au Christianisme, & qu'on ne les reconciliât entr'eux, il n'y avoit point de sûreté chez eux, & qu'une conversion partielle ne feroit qu'augmenter les désordres; que les autres vices, tels que l'oisiveté, l'ingratitude, la mauvaise-foi, étoient parvenus à leur comble chez ce peuple, & qu'entièrement livré à ses appétits

pétits brutaux, non seulement il toléroit la poligamie, mais en faisoit même commerce.

Mais ces mêmes raisons qui paroissoient devoir donner la préférence aux peuples du nord, exigeoient que l'on s'attachât d'abord aux Pericues. Il n'y avoit point de garnison à la Paz, & les vingt-cinq soldats qui étoient à Lorette ne suffisant point pour les escortes, les voyages & la défense du pays, on couroit risque de perdre les acquisitions qu'on avoit faites dans le nord, à moins qu'on ne reconciliât & qu'on ne civilisât les nations du midi. De plus, les Uchities qui habitent les contrées situées entre la Paz & Lorette, avoient insulté quelques Indiens chrétiens qu'ils avoient trouvés sur leur pays, comme s'ils avoient eu dessein de couper toute communication entre ces deux missions. Les Coras, ou ceux qui vivoient à l'extrêmité de la Peninsule vers le cap de Saint-Lucas, cherchoient tous les jours querelle à leurs anciens ennemis les Guaycuros de la Paz, de même qu'à leurs voisins, les insulaires de Saint-Joseph, du Saint-

Esprit, de Ceralvo, & autres entre Lorette & la Paz, que le père Ugarte avoit reconciliés avec les Guaycuros, recommençoient tous les jours leurs hostilités; & la quantité de maïz, de pozoli, de couteaux & d'autres quincailleries qu'on leur distribuoit à la Paz, ne servoient qu'à exciter leur avarice, au lieu de les porter à la paix & à la modération. Ces insulaires avoient pillé trois fois la mission de Saint-Jean-Baptiste Ligui, ou Malibat, dans l'absence du père Guillen, & n'y avoient rien laissé. Le Capitaine & les soldats de la garnison les ayant poursuivis en tuèrent trois ou quatre, prirent quatorze bateaux, & firent onze prisonniers que l'on régala à Lorette, & que l'on renvoya dans leurs îles, pour leur faire sentir qu'on ne leur vouloit point de mal. Cependant, leur reconciliation ne fut que simulée, & ils recommencèrent leurs hostilités dès que leur crainte fut passée, & qu'ils n'eurent plus besoin des utensiles que leur fournissoient les Indiens de la côte. Il ne restoit donc d'autre remède que de réduire les

Uchities & le Coras qui vivoient du côté de la Paz, & de gagner l'affection des insulaires; & ce fut pour y parvenir que l'on entreprit en 1721 la fondation de deux nouvelles missions, dans le tems que l'on travailloit à reconnoître la côte & le golfe par mer & par terre.

Il n'y avoit plus à compter sur le fond de la mission de Saint-Jean Ligui ou Malibat, depuis la faillite de Don Jean-Baptiste Lopez, & si le père Guillen & les autres Missionnaires vinrent à bout de pourvoir à leur subsistance & à celle de leurs Indiens, ce ne fut qu'à l'aide de leur économie, & des épargnes qu'ils firent. D'ailleurs, le village & les communautés de Malibat avoient été fort éclaircies par les maladies épidémiques, & le peu d'Indiens qui restoient craignoient si fort les insulaires, que le Père ne s'absentoit jamais, qu'il ne s'en sauvât quelqu'un. Vers ce tems-là le Marquis de Villa-Puente fonda deux missions entre le cap de Saint-Lucas & Lorette, sur quoi il fut décidé que le père Guillen se rendroit de Saint-

Jean de Malibat à la ville de la visitation, & en fonderoit une entre les Uchities & les Guaycuros, vu la nécessité qu'il y avoit de les réduire. Il fut donc s'établir chez eux en 1721, & posa aussitôt les fondemens d'une église, d'un village, & des autres édifices nécessaires pour une nouvelle mission. Au mois d'Août, il fixa sa résidence sur la côte d'Apate, à 40 lieues de Lorette par mer, & à plus de 60 par terre, à cause du circuit inévitable des montagnes. La mission fut dédiée à Notre-Dame des Douleurs du sud (*Nuestra-Señora da Los-Dolores del sur*) pour la distinguer d'une autre de même nom, qui est au nord. Rien n'a jamais égalé les peines que se donna le père Guillen dans ce département, le plus stérile & le plus incommode de toute la Californie, ni le zèle & l'assiduité avec laquelle il cultiva la vigne de son maître, aussi en a-t-on tiré des avantages infiniment supérieurs à ceux qu'ont produit les autres établissemens qu'on a fait dans la Californie. Ses Supérieurs lui demandèrent un détail abrégé de l'état de sa mission, & il le leur envoya en 1744. Il est écrit avec beaucoup de réserve & d'humilité, & il y donne partout des preuves de sa vertu, de ses talens & de la profondeur de son jugement. Il y avoit alors trente ans qu'il exerçoit la fonction de Missionnaire dans la Californie, y étant arrivé en 1714, après le malheureux naufrage dans lequel son collégue le père Guisci perdit la vie.

La mission de Los-Dolores fut purement fondée pour la commodité des Indiens; mais on la transféra depuis de la côte dans un lieu appelé Tanuetia, à 10 lieues du golfe, & à 25 de la mer du sud. Le Père fut chercher les familles des Indiens dans les grottes, les bois & les montagnes, & en forma six villages, savoir, Nuestra-Señora de Los-Dolores, la Conception de Nuestra-Señora, la Trinitad, la Rédemption & la Résurrection, lesquels avoient été habités par les Indiens de Malibat, avant qu'ils eussent quitté ce canton. Il convertit aussi à la foi d'autres Indiens, dont il forma trois villages, dont il érigea la nouvelle mision de Saint-Louis de Gonzague, sur le fond que fournit le Comte de Saint-Jago, Citoyen du Mexique, & on y envoya un Missionnaire en 1737. Enfin, il catéchisa & convertit à la foi tous les autres Gentils de la côte méridionale, depuis la mission de Saint-Xavier, jusqu'à la nation des Coras. Ils furent tous inscrits comme catéchumènes & en état d'être incorporés dans une autre mission, que l'on devoit fonder cette année, & qui étoit d'autant plus nécessaire, qu'il étoit impossible, vu l'éloignement des lieux & la nature du pays, de pouvoir survenir à tout. Ce fut ainsi qu'il convertit au Christianisme tous les habitans de la péninsule d'une côte à l'autre, dans l'espace de plus de 40 lieues de pays; & cependant dans toute cette étendue de terrein le sol est si stérile & si rempli de rochers, qu'il ne put y trouver aucun endroit propre à y semer du grain, à l'exception d'un petit champ à Apate, qui n'en fournissoit que pour les Indiens du lieu. Cela montre l'extrême indigence des Indiens de ces contrées, de même que l'impuissance où sont les Missionnaires de les secourir. Cependant ses travaux ont eu un si grand succès, que lors des révoltes qui sont arrivées dans le midi, les Guaycuros & les Uchities du père Guillen, autrefois si turbulans, malgré l'exemple & les instigations des Pericues & des Coras, ont non-seulement persisté dans la foi, mais ont même reçu chez eux les Pères & les Indiens avec beaucoup d'affection, en sorte qu'ils ont trouvé un azile assuré dans la mission de Notre-Dame des Douleurs.

Ce fut pour les mêmes raisons que l'on fonda la même année une autre mission chez la nation des Coras, près du cap de Saint-Lucas, dont on fut également redevable au Marquis de la Puente. Le père Ugarte y pensoit depuis longtems, & de-là vint qu'avant d'aller reconnoître le golfe, il chargea le père Ignace-Marie Napoli d'aller à la Paz, & de-là à la baie de las-Palmas pour l'y établir. On manquoit dans ce tems-là de provisions à Lorette, mais comme on en attendoit tous les jours de la Nouvelle-

Espagne, le père Ugarte permit au nouveau Missionnaire de prendre celles qui arriveroient pour sa mission de Saint-Xavier, & toutes les autres dont il auroit besoin, & de se rendre avec la barque à sa station, lui enjoignant de se conformer aux instructions qu'il lui avoit données. La barque arriva vers la mi-Juillet, & le 21 du même mois, le père Napoli s'étant embarqué avec le Capitaine Don Estevan Rodriguez & quatre soldats, arriva heureusement à la Paz le 2 d'Août. Les Indiens de la mission le reçurent avec beaucoup de respect, lui baisèrent les mains & les genoux, & le conduisirent en procession avec le Capitaine & les soldats à l'église, où le père Jacques Bravo les attendoit. On renvoya la barque à Cinaloa pour y charger du maïz pour Lorette, de sorte que pour faire venir les provisions nécessaires pour la baie de las-Palmas, on fut obligé d'emprunter les chaloupes de la belandre du général Rezaval, qui venoit d'arriver dans la baie pour pêcher des perles. Les Pères & les soldats y furent par terre, pour pratiquer

quer un chemin jusqu'à la Paz, & inviter tous les Indiens qu'ils rencontreroient à se rendre à la mission. Ils furent huit jours en chemin, & arrivèrent à la baie le 24 d'Août; mais tous les Indiens s'enfuirent dans l'intérieur du pays, & abandonnèrent leurs communautés. Les chaloupes n'arrivèrent que cinq jours après, ce qui, joint à la retraite des Indiens, chagrina beaucoup le père Napoli. Il souffroit d'ailleurs beaucoup d'une chute qu'il avoit faite de son mulet, laquelle fut si violente, qu'il resta quelques tems sans sentiment, & que ses gens le crurent mort.

Un soir qu'il se promenoit à quelque distance de sa tente pour examiner la côte, il vit venir vers lui une compagnie d'Indiens tous nuds, à la tête desquels étoit un homme d'une taille gigantesque, qui avoit tout le corps barbouillé de noir & de rouge. Il étoit à moitié couvert d'une espèce de grosse haire, & avoit autour de sa ceinture plusieurs pieds de bêtes fauves. Il tenoit d'une main un évantail de plumes, & de l'autre un arc &

Tome II. Ff

une flèche ; il poussoit de même que ses camarades des cris affreux, qu'il accompagnoit de plusieurs gestes menaçans, & capables d'intimider l'homme le plus hardi. Le père Napoli se crut perdu sans ressource, il éleva son cœur à Dieu, lui offrit sa vie en sacrifice, & le pria de lui pardonner ses pechés, Il aborda ensuite hardiment les Indiens, cachant autant qu'il pouvoit sa timidité naturelle, conformément aux instructions qu'on lui avoit données de ne jamais la faire paroître. Comme il ne connoissoit ni les sorciers de Californie, ni leur habillement, il fut effrayé de sa figure, & crut que c'étoit le demon lui-même qui ayant pris une forme visible, s'étoit mis à la tête des Indiens pour le détruire comme Envoyé de Jesus-Christ. Après qu'il fut revenu de sa première frayeur, il les aborda avec un air de mépris, & leur fit entendre par signes qu'il trouvoit très-mauvais qu'ils voulussent lui faire du mal. Il leur distribua ensuite avec de grandes marques d'amitié plusieurs petites bagatelles qu'il avoit sur lui, & les invita à venir au camp, leur promettant de leur en donner davantage. Ces politesses produisirent tout l'effet qu'il s'étoit promis, ils s'assemblèrent autour de lui, & le suivirent insensiblement jusqu'à sa tente, où après les avoir parfaitement bien regalés, il leur donna quelques provisions & plusieurs petits utensiles, & en envoya d'autres à ceux qui étoient restés dans les communautés, en signe de paix & d'amitié. Les Indiens s'en furent très-satisfaits, & le prièrent, s'il vouloit qu'ils retournassent, de cacher les bêtes à corne & un chien qu'il avoit, parcequ'ils n'en avoient jamais vu, & qu'ils en avoient peur. Ils revinrent le lendemain par petites troupes au nombre de cinq cens, apportant avec eux quelques présens du pays, en échange desquels on leur donna des haires, des couteaux, des rasoirs, & autres choses semblables qu'on leur avoit destinées. Il y avoit déja cinq jours qu'ils campoient, sans avoir reçu aucune nouvelle de la chaloupe, dont la perte les eût réduits à la dernière extrêmité. Mais ils avoient débarqué quatre jours auparavant, & attendoient le reste de la compagnie, laquelle arriva par terre à un petit lac qui étoit à quelques lieues de là, croyant que c'étoit le lieu du rendez-vous. Ce furent quelques Indiens qui en apportèrent la nouvelle, & ayant appris l'endroit de la côte où le Père étoit, on débarqua les provisions, & l'on fut à la découverte pour savoir où l'on fonderoit la mission. Il y avoit près de la mer plusieurs petits bois de palmiers & des champs couverts de sauge, différens réservoirs d'eau douce, & un ruisseau, qu'on ne jugea pas suffisans pour faire aiguade. Ils rencontrèrent aussi quelques champs qui leur parurent propres au labour & au pâturage; mais le voisinage de la Paz, & la facilité qu'on avoit d'en tirer des provisions, déterminèrent le Père à fonder la mission dans l'endroit où ils avoient d'abord campé. On commença d'abord à éclaircir le terrein, & le village commençoit à prendre quelque forme, lorsque les Indiens disparurent tout-à-coup, de manière qu'on fut un jour entier sans en voir aucun. Le Père, surpris d'un pareil changement, partit dès le soir même pour les aller chercher, sans autre compagnie que celle d'un soldat, & d'un interprête ignorant. Il en rencontra quelques-uns, lesquels sur les plaintes qu'il leur fit dans des termes affectueux & pathétiques, ne manquèrent point de l'instruire de la véritable cause de leur crainte. Les Coras avoient depuis longtems la guerre avec les Guaycuros de la Paz, & le Père venoit avec des soldats du territoire de ces derniers, où il y avoit déja une mission. Les Coras s'étant apperçus qu'on avoit été reconnoître le pays, & qu'on élevoit des murailles de terre pour l'église, ils en conclurent qu'on avoit dessein de bâtir une forteresse. De plus, le Père avoit amené avec lui quelques Guaycuros, dont trois avoient été ce jour-là par son ordre sur le grand chemin de la Paz, pour amener un mulet chargé de maïz.

Ces particularités firent soupçonner aux Coras que les Guaycuros devoient massacrer toute leur nation; que c'étoit dans cette vue qu'ils étoient venus reconnoître le pays, qu'on les régaloit, & qu'on vouloit les voir tous les jours, qu'on bâtissoit des murailles pour les mettre en sûreté, & qu'assurés du succès de leur entreprise, ils avoient envoyé chercher les Guaycuros, afin de tomber sur eux à l'improviste & de les exterminer. Le Père se donna tant de peines pour dissiper leurs soupçons & pour les appaiser, que plusieurs le suivirent à la tente, & au berceau de palmiers, où les soldats montoient la garde. Les plus timides allumèrent plusieurs feux, pour mieux appercevoir leurs ennemis, au cas qu'ils vinssent pour les détruire. Ils prirent une seconde fois l'allarme le lendemain matin, & l'on fut deux jours entiers sans les voir. Le père Bravo possédoit assez passablement la langue des Guaycuros, & étoit par-là en état de se faire entendre aux Coras; mais sa présence gâta tout, les Coras le regardant comme le Missionnaire, le chef & le conducteur de leurs ennemis. Le mulet arriva enfin avec le maïz ; & quoique les Indiens vissent de loin la vérité de ce que le père Napoli leur avoit dit, pas un ne voulut retourner au village. On eut beau courir après eux, ils s'enfuioient dès qu'ils voyoient le Père. A la fin cependant, les hommes & les femmes revinrent les uns après les autres avec leurs enfans, & prièrent les Pères de vouloir bien batiser ces derniers, de même qu'ils avoient batisé ceux de la Paz, leur disant qu'ils vouloient contracter avec eux une amitié éternelle. La paix fut donc conclue entre les Guaycuros & les Coras, & ils la célébrèrent par des festins & des danses. Le 4 de Septembre, le père Napoli batisa ving-neuf enfans, & depuis lors, les femmes le pressoient continuellement de vouloir accorder la même grâce aux leurs. Ce fut ainsi que les habitans de ce pays, qui étoient autrefois si soupçonneux, ne purent plus se passer un moment des Missionnaires.

Pour gagner l'affection des Indiens, on fut obligé de leur distribuer tout ce qu'on avoit apporté, jusqu'aux ornemens de l'autel, de sorte qu'il resta à peine assez de provisions pour retourner à la Paz, & en prendre de nouvelles. On fut donc obligé de laisser la maison de palmiers & les petits meubles qui y étoient sous la garde de quelques-uns des plus anciens, auxquels le père Napoli promit de retourner dans peu ; il partit ensuite & prit une autre route afin de mieux reconnoître le pays.

Il resta deux mois à la mission de la Paz, pour attendre les provisions, & s'instruire de la langue des Coras, entreprise extrêmement difficile, mais absolument nécessaire. Pendant que les Missionnaires étoient absents de la baie de las Palmas, quarante hommes de l'île de Ceralvo, qui est vis-à-vis la baie de la Paz, firent une descente, & trouvant la mission abandonnée, tombèrent sur une communauté, tuèrent six enfans, deux femmes & firent un homme prisonnier, après quoi ils pillèrent la communauté, & n'y laissèrent ni provisions ni meubles. Ils n'auroient épargné ni l'église ni la chapelle, sans la crainte qu'ils eurent des Guaycuros. Là-dessus le Capitaine se rendit avec un détachement de soldats à l'île de

Ceralvo, & quoique les insulaires se fussent retirés dans des cavernes & parmi les rochers, nos gens en tuèrent deux ou trois, & les épouvantèrent si fort avec leurs armes à feu, qu'ils n'osèrent plus y revenir. Le Capitaine se rendit de-là à Lorette, & le père Napoli retourna au mois de Novembre à la baie de las Palmas, où il ne jugea pas à propos d'établir le siége de sa mission, à cause du grand éloignement où elle étoit de la Paz, le seul endroit d'où l'on pût tirer dans ce tems-là les provisions.

Il choisit donc un autre endroit appelé Sainte-Anne, lequel étoit à trente lieues de la Paz, & cinq du golfe. Il y bâtit une chapelle & une petite maison, & amena les communautés les plus prochaines à la croyance & à la pratique du Christianisme. Il bâtit en 1723 une église dans un endroit un peu plus éloigné de la mer, dans l'intention de changer le siége de la mission ; mais cette entreprise échoua par un accident qu'il lui étoit impossible de prévoir. L'église étoit déja si avancée qu'on posoit les poutres &

les solives pour la couverture. Mais pendant que le Père assistoit un mourant, il s'éleva un de ces ouragans furieux, qui sont très-fréquens dans la Californie, qui obligea les Indiens à se rendre dans l'église. Comme la charpente n'étoit point encore assurée; & que les murailles étoient foibles & encore humides, le vent renversa l'édifice jusqu'aux fondemens, & il y eut plusieurs Indiens de tués & d'estropiés sous sa chute; les autres s'enfuirent & en perdirent l'esprit pour le reste de leurs jours. Le père Napoli accourut au bruit, & se comporta avec toute la tendresse qu'on peut attendre d'un père qui voit périr ses enfans : mais cet accident occasionna une conspiration de la part des parens de ceux qui avoient été tués, & il ne se passa point de jours qu'il ne fût à la veille d'en ressentir les effets. Ils tournèrent à la fin toute leur rage contre le Père qu'ils accusoient d'avoir été le meurtrier de leurs amis. Ils s'appaisèrent cependant, lorsque ceux qui avoient survécu à ce désastre leur eurent dit qu'ils s'étoient retirés dans l'église de leur propre gré, & sans que personne les y eût forcés. On rebâtit l'église dans un endroit plus convenable où il y avoit de l'eau, non seulement pour boire, mais encore pour arroser quelques champs, & on la dédia l'Apôtre Saint Jacques. On y sema du maïz qui vint très bien ; il n'en fut pas de même de la semence spirituelle. Ce peuple volage, paresseux & brutal, témoigna la plus grande répugnance pour la doctrine pure de l'Evangile ; & quoique le Père ne négligeât aucun des devoirs d'un ministre fidèle, le nombre de ceux qu'il batisa ne monta qu'à 90 adultes, & à environ 400 enfans. Le père Napoli ayant été nommé en 1726 aux missions de l'autre côte, il fut remplacé par le père Laurent Carranco, dont le sang ne put effacer les abominations qui régnoient dans ces contrées sauvages, ayant été martyrisé de la manière qu'on le verra ci après.

SECTION XVII.

Fondation de la mission Septentrionale de Saint-Ignace par le père Luyando, & ses progrès. Mort des pères Piccolo & Ugarte. Révolte des Pericues, & fondation de la mission de Saint-Joseph au cap de Saint-Lucas, par le père Tamaral.

ON desiroit ardemment depuis l'année 1706 de fonder une mission au nord au de-là de celle de Notre-Dame de Guadeloupe, dans les contrées de Kada-Kaaman, c'est-à-dire du Ruisseau-de-la-Sauge, dans les montagnes de Saint-Vincent, par le 28e degré de latitude, à 40 lienes sud-est de Sainte Rosalie Mulége, & 25 sud de Guadeloupe. Les Indiens Cochimies de ce district, lors de la visite que leur fit le père Piccolo dans la même année, avoient témoigné un desir sincère d'embrasser le Christianisme, mais le défaut de sujets & de fonds, joint à la nécessité où l'on étoit de réduire les Edues & les Pericues méridionaux, fut cause que l'on différa cette entreprise toute louable qu'elle étoit. Il est vrai que les Missionnaires des environs les visitèrent de tems à autre pour entretenir leurs bonnes dispositions jusqu'à l'année 1728. Le père Jean-Baptiste Luyando, Jésuite Mexicain, étoit arrivé l'année d'auparavant à Lorette. C'étoit un homme également distingué par ses vertus & par ses talens, & qui non content d'avoir remis son bien entre les mains de ses Supérieurs, pour établir une mission dans la Californie, leur offrit de l'aller fonder lui-même. Il partit en conséquence dans le mois de Janvier 1728 de Lorette, sous l'escorte de neuf soldats, & arriva le 20 du même mois dans l'endroit que le père Sistiaga avoit choisi pour être le siége de cette mission, lorsqu'il fut quelques mois auparavant visiter les Indiens pour leur faire part de son dessein, & les disposer à faire un bon accueil à ce Religieux. Les naturels du pays reçurent le père Luyando à bras ouverts, & furent si ravis de le voir, que plus de cinq cens personnes de différentes communautés vinrent le joindre au bout de quelques jours. Il commença à exercer son office & avec d'autant plus de facilité, que quelques-uns sçavoient leur catéchisme, & avoient été déja instruits par le père Sistiaga. Ils furent si assidus à profiter de ses instructions, si empressés à les mettre en pratique, & si fermes dans leurs bonnes résolutions, qu'il crut pouvoir administrer en toute sûreté le Batême aux adultes, d'autant plus qu'ils obéirent sans répugnance à l'ordre qu'il leur donna de brûler & de détruire tous les instrumens dont leurs sorciers se servoient pour exercer leur magie. Le père eut assez de provisions pour nourrir pendant six mois près de cinq cens catéchumènes, car quoique quelques-uns fussent retournés à leurs communautés aussitôt après avoir reçu le Batême, ils furent remplacés par un si grand nombre d'autres, qu'il commença à craindre que les provisions ne lui manquassent. Voulant donc achever un ouvrage qu'il avoit si heureusement commencé, il renvoya sept soldats qu'il chargea de lettres pour le Missionnaire de Lorette, le priant de lui envoyer au plutôt des vivres, & resta seul avec deux gardes. Je dois dire ici à la louange des soldats, que voyant le Père entièrement occupé des fonctions de son office, & le succès dont ses travaux étoient accompagnés, ils se chargèrent volontairement de bâtir la maison & l'église, & engagèrent si bien les Indiens à les seconder, que celle-ci fut achevée avant que les soldats fussent de retour, & que la dédicace s'en fit le jour de Noel.

Ces succès le remplirent de joie, & l'animèrent à se charger de l'instruction de tous ceux qui vinrent au siége de la mission, & à se rendre dans différentes communautés pour y chercher des nouveaux Indiens. On l'envoya une fois chercher de fort loin pour un homme qui avoit été mordu d'une vipere ; & quoique le soldat & le domestique qui lui servoient d'interprêtes fussent absens, il ne laissa pas d'y aller avec un Indien qu'il venoit de batiſer. Etant arrivé dans l'endroit, il y trouva une grande communauté de ſauvages, qui n'avoient jamais vu ni un Européen ni un cheval. Ils furent d'abord effraiés de le voir, mais il calma bientôt leurs craintes par les politeſſes & les petits préſens qu'il leur fit, & ils vinrent lui offrir tout ce qu'ils avoient.

La docilité des Cochimies, jointe à leur vivacité, leur eſprit & leur activité, qu'aucune nation n'égale, mit le Miſſionnaire en état de faire progrès rapides dans leur pays. Ce diſtrict eſt très-propre pour l'agriculture, tant à cauſe de la bonté du terrein que du voiſinage de l'eau. Il étoit donc aiſé d'y fonder une colonie, ce qui eût évité aux Indiens la peine de courir les bois & les montagnes pour y chercher de quoi ſubſiſter. Le père Siſtiaga y avoit ſemé du froment & du maïz, qui donnèrent la première année cent boiſſeaux; mais la quatrième & la dernière année que le père Luyando y reſta, la récolte des différens grains monta à mille. Cela lui donna la facilité de faire vivre ſes Indiens dans l'abondance, l'abondance, d'autant plus, qu'étant moins stupides que leurs voisins, ils le secondèrent dans ses travaux, ayant senti les avantages qui leur en revenoient. Le père Helen leur avoit déja appris à cultiver différentes espèces d'herbes potagères qu'il avoit lui-même plantées, & le père Luyando à son exemple planta un jardin, où il fit venir quantité de plantes exotiques, indépendamment de celles du pays qu'il trouva le moyen d'ameliorer par la culture. Il planta aussi cinq cens pieds de vignes, des oliviers, des figuiers, & des cannes à sucre, dont on a tiré dans la suite des avantages qui n'ont pas peu contribué à l'augmentation de la mission, & aux progrès du Christianisme parmi les Indiens. Il ne restoit plus au Père qu'à les rassembler dans les villages qu'il avoit bâtis dans les endroits les plus commodes pour les communautés des environs, & dans chacun desquels il y avoit une chapelle destinée à leurs dévotions journalières. Il leur apprit aussi à construire des petites maisons avec des briques crues & des branches d'arbres ; mais comme ils étoient accoutumés à vivre en plein air, il eut beaucoup de peine à les engager à les habiter. Il ne négligea rien non plus pour élever du bétail dans les cantons où il y avoit des pâturages.

Tout prenoit la face la plus riante, lorsque l'ennemi de la paix & du bonheur des hommes, exita les Indiens à troubler la tranquillité de la mission, & à rendre tous les travaux du Père infructueux. Huit de ces sauvages profitant de l'obscurité de la nuit, assassinèrent un catéchumène près de la tente du Père, pour se venger vraisemblablement de l'amitié qu'il lui témoignoit, à cause de ses bonnes qualités. Il fut cependant obligé de dissimuler cette action barbare, dans la crainte des inconvéniens qui pouvoient en résulter ; mais ils n'échappèrent point à la vengeance divine, & tous les huit moururent d'une maladie épidémique l'année suivante 1729. Une autre communauté refusa opiniâtrément de venir à la mission, & cherch trois adultes que le Père venoit de abatiser, pour les faire mourir, & elle l'eût fait, s'ils ne se fussent refugiés dans le presbytère. Ces Indiens persistèrent deux ans dans leur opiniâtreté, & ce ne fut que par la patience, la douceur & la libéralité, qu'il vint à bout de la vaincre : mais ce ne fut que sept ans après que les adultes embrassèrent la Religion Chrétienne. Les vieillards furent ceux qui témoignèrent le plus de répugnance pour le Christianisme ; & comme ils étoient pour la plûpart sorciers, prêtres & catéchistes, ou plutôt des séducteurs de leurs communautés, il n'est pas étonnant qu'ils s'opposassent aux progrès d'une religion qui mettoit fin à leurs profits & à leur puissance. Ils menoient d'ailleurs une vie très-dissolue, & comme ils étoient habitués à des coutumes brutales, & à un genre de vie sauvage, il leur en coûtoit infiniment de s'assujettir à venir à l'Eglise & à assister au service divin. Comment se pouvoit-il en effet, que des gens que leurs compatriotes respectoient pour leur doctrine, pussent se résoudre à prendre des leçons des étrangers, ni se mêler avec des enfans qui fe mocquoient fouvent de leurs doctrines abfurdes.

La miffion profpéroit cependant, grâces à la docilité & à la candeur d'un certain nombre d'Indiens qui avoient foin d'avertir le père Luyando des fautes que commettoient leurs compatriotes. Pour faciliter les vifites qu'il fe propofoit de faire chez les différentes Communautés, & dans les villages que l'on batiffoit, il les engagea à ouvrir des chemins jufqu'à la miffion, & propofa diverfes récompenfes à ceux qui s'en acquitteroient le mieux.

Quelques Indiens fauvages du nord, fâchés de l'état floriffant où étoit la miffion, & de la tranquillité dont jouiffoit la tribu qui s'étoit convertie, tombèrent fur une communauté chrétienne, tuèrent deux Indiens & une petite fille, & ne s'en feroient point tenus là, fi les autres ne fe fuffent réfugiés chez le Père. Les chrétiens des autres communautés vouloient prendre les armes, mais le Père craignant d'allumer une guerre continuelle, les pria de n'en rien faire, & d'oublier cette injure, comme il convenoit à des chrétiens. Il se flatta, en agissant ainsi, de faire rentrer ces Indiens en eux-mêmes, & de les disposer peu à peu à recevoir l'Evangile. Il leur envoya pour cet effet divers messages & quantité de présens; mais l'expérience lui apprit, qu'il faut commencer de dompter ces barbares par la force, si l'on veut leur persuader que les politesses qu'on leur fait, procèdent de l'amour qu'on a pour eux, qu'autrement ils les attribuent à lâcheté & à foiblesse, & n'en deviennent que plus insolens. En effet, ces brigans voyant arriver ces messages & ces présens, en conclurent que le Père & les Indiens étoient dans la dernière consternation, & cela les anima à attaquer d'autres communautés. Ils les saccagèrent de fond en comble, tuèrent ou chassèrent tous les chrétiens qui tombèrent sous leurs pas, & menacèrent même le siége de la mission. Comme le père n'avoit avec lui que deux soldats, & que ses Indiens manquoient d'armes, il jugea à propos de se retirer à la mission de Guadeloupe, où le père Sistiaga étoit pour lors. Ces deux Missionnaire retournèrent ensemble à Saint-Ignace, où l'on résolut de marcher à l'ennemi, sans attendre les soldats de Lorette, qui étoit à 70 lieues de là. En conséquence, on somma les communautés chrétiennes, & on leur donna des armes avec beaucoup de bruit & d'appareil, tant pour animer le courage des chrétiens, que pour intimider les sauvages par ces préparatifs de guerre, ainsi qu'on le pratiquoit autrefois dans la Californie. Les uns se mirent à faire des arcs, les autres à éguiser des cailloux pour armer les flèches, les autres à fabriquer des épées de bois, qu'on n'avoit point connues jusqu'alors dans le pays. Les soldats mirent au bout des gros couteaux, qu'on avoit apportés pour distribuer aux missions. Les femmes mêmes s'employèrent à faire des sacs & des filets pour porter les provisions, le maïz rôti, & le biscuit. Ces préparatifs finis, on passa les troupes en revue, & l'on trouva qu'elles montoient à plus 700 combattans : mais comme on n'avoit pas assez de provisions pour les nourrir, on renvoya les plus foibles, & on ne garda que 350 hommes pour cette expédition. Ceux-ci appartenoient à différentes communautés, qui étoient dans l'usage de se choisir un Capitaine, ce qui dans cette circonstance eût occasionné une confusion funeste. Les Pères leur dirent donc qu'il convenoit qu'il n'y eût qu'un seul Chef, qu'ils eussent par conséquent à choisir un Capitaine, & qu'ils en nommeroient un de leur côté. Là-dessus ils choisirent parmi eux un homme extrêmement renommé par son courage & sa bonne conduite, & qui étoit parfaitement au fait du pays, & les Pères chargèrent de cet emploi le Gouverneur du village. C'étoit un jeune homme rempli de talens & fort attaché aux Pères, que le père Ugarte avoit amené dans son enfance à Lorette lors de la coupe qu'il fit pour construire sa belandre. L'armée ainsi équipée, fut chercher l'ennemi, & les vedettes vinrent dire à nos gens qu'il étoit campé à une aiguade au pied des montagnes; sur quoi on résolut de l'attaquer dès la nuit. On marcha donc à lui, & on l'investit de tous côtés, après quoi on s'approcha dans un profond silence pour ne point lui donner l'allarme. Au lever du soleil, les Indiens qui avoient investi leurs ennemis de toutes parts, poussèrent un cri de guerre effroyable, qui réveilla les sauvages, lesquels s'étoient endormis sans prévoir le danger qui les menaçoit. Ils se levèrent à ce bruit, & coururent confusément à leurs armes, pendant que nos gens s'avançoient en bon ordre. Voyant qu'ils étoient investis par des forces supérieures, & qu'il leur étoit impossible de s'échapper, ils mirent bas leurs armes, pour marque qu'ils se rendoient. Il ne s'en sauva que deux, qui donnèrent avis de cette defaite aux Indiens d'une autre communauté, lesquels s'enfuirent précipitamment dans leur pays, & tous les autres au nombre de trente quatre, furent faits prisonniers. Après avoir reconnu le pays pour voir s'il ne restoit plus d'ennemis, nos gens retournèrent à Saint-Ignace, où ils firent une espèce d'entrée triomphante. Les Pères conduisirent l'armée victorieuse à l'église, où l'on remercia Dieu de la victoire qu'on venoit de remporter,

porter, sans qu'il en eût coûté une seule goutte de sang, & sans avoir tiré un seul trait. On fit un festin aux troupes, & on assembla le lendemain tous les habitans. Les soldats & les Gouverneurs, ayant pris séance comme Juges, on amena les prisonniers, lesquels ayant été convaincus de révolte, de vol & de meurtre, on les condamna à être transportés à Lorette, comme coupables de crimes capitaux. On les ramena en prison, & quantité de nouveaux chrétiens dansoient de joie, dans l'espoir qu'ils ne seroient point obligés de tuer leurs ennemis, ni de se venger eux-mêmes. Les Missionnaires étant arrivés sur ces entrefaites, promirent aux captifs qu'on ne les feroit point mourir, leur firent quelques présens, & blâmèrent les autres de la joie qu'ils témoignoient, prenant cette occasion de les instruire des devoirs de la charité, laquelle nous ordonne de compâtir aux malheurs d'autrui, d'oublier les injures, & de vivre en paix avec tous les hommes. Le conseil s'étant de nouveau assemblé le lendemain, les Pères amenèrent avec eux plusieurs Indiens, lesquels prièrent les soldats d'adoucir leur sentence, de ne point condamner les coupables à la mort, & de ne point les envoyer prisonniers à Lorette. On les condamna donc seulement à recevoir un certain nombre de coups de fouets : on commença l'exécution par le principal meurtrier, sur quoi les Pères ayant intercédé pour les autres, on leur pardonna, on les dépouilla de leurs armes, & on les distribua parmi les chefs, comme autant de monumens de leur victoire. Cet exemple de douceur produisit un très-bon effet sur l'esprit de sauvages, servit d'instruction aux chrétiens, & inspira aux Gentils un grand amour pour les Pères, & pour leur religion, qui se bornoit à un châtiment aussi doux. On les détint quelques jours prisonniers, après quoi on les mit en liberté, pour qu'ils pussent voir par eux-mêmes la bonne conduite, & la façon de vivre des Indiens de la mission. Ils demandèrent aux Pères à être batisés eux & leurs enfans, mais ils le leur refusèrent, tant pour augmenter leur desir, que pour éprouver leur sincérité. Ils les renvoyèrent ensuite avec des grandes marques d'amitié; mais ils revinrent peu de tems après, & les prièrent de vouloir du moins batiser leurs enfans; qu'autrement ils croiroient qu'ils ne les aimoient pas, & que les chrétiens avoient dessein de leur faire la guerre une seconde fois. Ils se rendirent à leur prière, mais ils exceptèrent de cette grâce le fils du chef de la conspiration, lequel s'en retourna chez lui extrêmement chagrin. Il revint une seconde fois avec son petit enfant entre ses bras, & les conjura en pleurant de le batiser, s'ils avoient quelque amitié pour lui; ils le firent, après quoi il s'en fut tout joyeux rejoindre ses compatriotes. Peu de mois après, tous les prisonniers, avec leurs parens & leurs amis, sans en excepter même les vieillards, se présentèrent pour être instruits & batisés, & ils le furent dans le tems convenable.

Cette victoire fut très-avantageuse à la Chrétienté; elle intimida les Gentils, leur fit respecter la loi que les Missionnaires leur prêchoient, &

leur facilita l'entrée chez les nations du nord. Mais la santé du père Luyando se trouva tellement affoiblie par les fatigues qu'il avoit souffertes, qu'il fut obligé d'abandonner la mission qu'il avoit fondée de sa fortune, & augmentée par son zèle & ses talens. Il fut remplacé par le père Sistiaga, ce Missionnaire infatiguable de Sainte-Rosalie Mulége.

La Californie perdit dans ce tems-là deux de ses plus anciens ouvriers : le premier fut le père François-Marie Piccolo, lequel finit ses travaux dans la garnison royale de Lorette, le 28 de Février 1729, dans la 79e année de son âge, & la 32e de son arrivée dans la Californie. Le père Jean Ugarte mourut l'année suivante 1730, au village de Saint-Paul, mission de Saint-Xavier, à l'âge de 70 ans, après en avoir passé trente dans l'emploi de Missionnaire.

Les nations méridionales montroient tous les jours ces dispositions turbulentes, déréglées, & traitresses, dont elles avoient donné tant de preuves au commencement; & malgré les soins que les pères Guillen, Bravo & Napoli, leurs successeurs, s'étoient donnés dans les missions de Los-Dolores, de la Paz & de San-Jago, pour civiliser les Uchities, les Guaycuros & les Coras, & pour les ramener dans le sein de l'église, il restoit encore chez ces nations & chez les peuples voisins, quantité de Gentils, qui insultoient tous les chrétiens. Ceux-ci de leur côté, se lassèrent du genre de vie qu'ils avoient embrassé, & dissimulèrent si peu leur dégoût, qu'ils fomentèrent des séditions parmi ceux qui étoient restés attachés à la foi. L'an 1723, après que les trois missions furent fondées, le Capitaine de la garnison partit avec quelques soldats pour faire une course dans le pays, & intimider les Indiens qui inquiétoient leurs voisins. Les Coras du cap de Saint-Lucas sollicitoient le Père de se rendre chez eux pour les convertir au Christianisme ; mais ceux qui avoient déja embrassé la foi, lui donnoient beaucoup d'occupation, & il y eut même un Gentil qui le blessa à l'épaule d'un coup de flèche. Il resta deux mois à la Paz pour se faire panser, & cacha si bien cet accident, que les chrétiens de Lorette n'en eurent aucune connoissance, & il fit fort bien d'user de cette précaution.

Le Capitaine fut de nouveau obligé en 1725 de se porter avec un détachement chez quelques communautés d'Uchities & Guaycuros, qu'il força de se retirer sûr la côte opposée, mais sans leur tuer un seul homme. Ils s'étoient joints en 1719 avec quelques Coras, & avoient recommencé leurs hostilités à l'instigation de quelques mulâtres & métifs, que des corsaires avoient laissés sur ces côtes. Ceux-ci étoient le levain qui corrompoit la simplicité des Indiens, qui par eux-mêmes sont très susceptibles de mauvaises impressions. Car, comme le Capitaine Don Estevan Rodriguez l'observe dans son Journal : « Les naturels
» du pays sont si inquiets, si brouillons & si factieux, que si l'on n'y
» envoyoit tous les ans un détache-
» ment pour les contenir, & reprimer
» leur insolence, il n'y auroit point de
» sûreté parmi eux. » Le Capitaine

fut employé à ce voyage depuis le mois de Mars jusqu'à celui de Septembre; & sur ces entrefaites, quelques communautés du cap de Saint-Lucas, le pressèrent de leur envoyer des Missionnaires. Il fut obligé dans cette occasion d'avoir recours à quelque châtiment léger. La bonne disposition où étoient quelques-uns de recevoir la foi, la crainte où l'on étoit d'une invasion de la part des autres, & que les nouveaux convertis n'abandonnassent le Christianisme, exigeoient absolument que l'on fondât d'autres missions chez les Pericues, pour assurer la conquête de la Péninsule jusqu'au cap susdit.

Le Marquis de Villa-Puente, à qui les missions étoient redevables de tant de bienfaits, avoit si fort à cœur la conversion entière des Indiens, qu'il offrit d'en établir une dans le voisinage du cap de Saint-Lucas ; & à son exemple, Donna-Rosa de la Penna, sœur de la Marquise de Villa Puente, dame d'une vertu & d'une charité éminente, d'en doter une autre dans la baie de Las-Palmas, où l'on avoit d'abord fondé celle de San-Jago de Los-Coras, que l'on transporta depuis dans un endroit trop éloigné pour que le Missionnaire pût pourvoir à l'instruction & à l'entretien des Indiens, outre que leur indocilité & leur humeur turbulente, rendoient cet établissement plus difficile.

L'Agent des Missionnaires à Mexico, étoit le père Joseph de Echeveria, le même qui après le naufrage de la barque en 1729, se rendit à Cinaloa pour y acheter un autre vaisseau, & des provisions. Il y étoit encore, lorsque le Général Tamburini le nomma Visiteur général de toutes les missions des Jésuites. Il n'eut pas plutôt reçu cet ordre, qu'il se disposa à commencer sa visite par celles de la Californie, dont il avoit été l'Agent pendant plusieurs années. Comme il avoit dessein de fonder les deux nouvelles missions du sud, dont on avoit déja offert les fonds, il s'embarqua à Ahome sur le Triomphe de la Croix, & arriva le neuvième jour, savoir le 27 d'Octobre dans la baie de Saint-Denys ou de Lorette.

Peu de jours après son arrivée, il fut attaqué d'une fiévre maligne, dont la violence fut telle, qu'on désespéroit de sa vie, mais il plut à la Providence de lui rendre la santé. Quoiqu'il ne fût point entièrement rétabli, il partit de Lorette pour aller visiter les missions du nord, ne menant avec lui qu'un enseigne, un soldat nommé Acosta, & quelques Indiens. Il fut ravi de voir l'économie des missions, le savoir, la dévotion & la bonne conduite des Indiens, le zèle & la charité des Missionnaires, leur patience & les peines qu'ils se donnoient pour instruire & assister leurs paroissiens, malgré les inconvéniens auxquels ils étoient exposés dans ces contrées sauvages, & enfin, les progrès que le Christianisme y avoit fait en si peu de tems. Voici les expressions dont il se sert dans une lettre datée du 10 de Février 1730. « Dieu m'ayant heureusement délivré » de ma fièvre, je partis pour aller » visiter les missions. Je commençai » par Saint-Xavier, d'où je me rendis » à celle de Saint-Ignace du nord, » qui est la dernière, & qui en est

» éloignée de 80 lieues. Je restai qua-
» rante jours en chemin, & essuyai
» un froid beaucoup plus cuisant que
» celui qu'on éprouve à Guapango
» dans le mois de Janvier. Mais je
» fus amplement dédommagé de mes
» fatigues, par le plaisir que j'eus en
» voyant la ferveur de ces nouveaux
» établissemens chrétiens. Je ne pus
» retenir mes larmes lorsque j'ouïs les
» louanges que chantoient à Dieu
» quantité de pauvres créatures, qui
» quelque tems auparavant, ne sça-
» voient pas même si un pareil Etre
» existoit. » Il donne dans la même
lettre un détail des particularités qu'il
observa dans chaque mission, de la
police que les Pères y avoient établie,
& des peines qu'ils se donnoient pour
la maintenir.

Le père Echeveria se disposa ensuite
à aller visiter les contrées méridionales
de la Californie, dans le dessein de
fonder deux nouvelles missions chez
les Coras; mais il n'y eut que celle de
Saint-Joseph del Cabo qui eut lieu.
Le père Sigismond Taraval, qui avoit
été nommé Missionnaire pour l'autre

que l'on comptoit d'ériger fous le nom de Sainte-Rofe, en l'honneur de la fondatrice, n'arriva qu'au mois de Mai 1730 : d'ailleurs les morts des père Piccolo & Ugarte, & la retraite des pères Helen, Bravo & Napoli, occafionnée par le mauvais état de leur fanté, furent caufe qu'il fallut chercher d'autres fujets pour défervir ces miffions.

La miffion que l'on avoit deffein de fonder près du cap de Saint-Lucas, demandoit une perfonne d'une vertu confommée, d'un zèle intrépide, & qui eût beaucoup d'adreffe & de fagacité. Tel étoit le père Nicolas Tamarral, Fondateur de la miffion de l'Immaculée Conception ; & ce fut lui que l'on choifit heureufement pour fonder celle de Saint-Jofeph del Cabo. Il s'embarqua en conféquence le 10 de Mars avec le père Vifiteur, après avoir chargé le père Taraval d'aller défervir la miffion de la Conception. Ils arrivèrent au bout de neuf jours dans la baie de la Paz, où ils furent reçus avec l'affection la plus cordiale par le père Guillaume Gordon, fuccesseur du père Bravo, au Pilar de la Paz, où ils solemnisèrent avec lui la fête du Patriarche Saint Joseph.

La tranquillité & la conduite toute chrétienne des Guaycuros de cette mission, que l'on redoutoit si fort auparavant, causèrent aux Pères la plus grande satisfaction du monde. Ils furent visiter la mission de San-Jago de Los-Coas, d'où ils continuèrent leur voyage vers le cap de Saint-Lucas, qui est à l'extrémité méridionale de la Californie, dans les environs duquel ils avoient dessein de fonder la nouvelle mission de Saint-Joseph. Ils trouvèrent à quelque distance du cap, un endroit couvert de verdure, ombragé par les montagnes voisines, lequel étoit traversé par deux ruisseaux, qui se joignoient un peu avant de se décharger dans la mer, qui n'est qu'à environ une lieue de là. Il y avoit sur le rivage plusieurs lacs poissonneux, & entourés de vieux troncs de palmiers, dont les Indiens avoient coupé les branches. Les Pères choisirent pour le siége de la mission un terrein qui étoit auprès d'un de ces lacs d'eau douce, & à l'abri des inondations. Ils élevèrent auſſitôt une chapelle & une maiſon qu'ils couvrirent de jonc & de ſauge, dont il y a une grande quantité ſur le rivage. Ils s'attendoient, après ce que le Capitaine leur avoit dit du deſir qu'avoient les Indiens qu'on leur envoyât des Miſſionnaires, qu'ils viendroient les trouver en foule, mais ils en virent très-peu, & pendant les trois ſemaines que le père Viſiteur ſéjourna dans cet endroit, il ne vint pas vingt familles à la miſſion. Ce fut avec elles néanmoins que le père Tamarral commença à exercer ſa fonction de Miſſionnaire, les inſtruiſant de la doctrine de la foi Chrétienne. Il demanda aux Indiens où étoient leurs autres compatriotes, & ils lui répondirent qu'ils étoient tous morts d'une maladie épidémique: mais ce n'étoit là qu'un menſonge que leur dictoit la crainte; car le père Viſiteur & les ſoldats qui l'accompagnoient ne ſe furent pas plutôt retirés, que les Indiens ſe rendirent en foule auprès du père Tamarral, qui étoit reſté ſeul avec deux autres ſoldats. La raifon qui les empêcha de paroître plutôt, fut la perfuafion où ils furent que les Pères n'étoient venus avec des foldats & des gens armés, que pour les châtier de quelques infultes qu'ils avoient faites aux miffions de San-Jago & de la Paz. Les affaires étant ainfi terminées, le Père fit un voyage dans le pays, pour chercher les communautés, & un lieu plus convenable, pour y établir le fiége de la miffion; celui qu'on avoit choifi étant infefté de coufins & d'autres infectes incommodes; outre qu'il étoit enfermé & brulant, extrêmement humide, & qu'on n'étoit pas fûr d'y trouver affez d'eau pour arrofer les terres. Ces circonftances le déterminèrent à transférer la miffion à 5 lieues de la mer. Il bâtit auffitôt une églife & un prefbytere; & à force de travail & de fatigue, il vint à bout dans la fuite d'affembler plufieurs communautés errantes, dont il forma deux villages; où il les inftruifit avec tant de fuccès, qu'il batifa dans une feule année mille & trente fix perfonnes. Il travailla pareillement à procurer le bien temporel de la mission, parce que c'étoit en quelque sorte de lui que dependoient ses progrès & a sureté ; mais la mort de ce Missionnaire nous a privé des détails particuliers des années suivantes.

Fin du second Volume,

www.ingramcontent.com/pod-product-compliance
Lightning Source LLC
Chambersburg PA
CBHW060049190426
43201CB00034B/558